능력 폭발

성공시키면 성공한다

능력
폭발

이명종 지음

성공할 능력이 있는데 왜 사용하지 않는가?
네 안의 능력을 깨워라

국일미디어

내게 주어진 능력을 발휘하는 법

현대인은 역사상 가장 편리하고 발달된 문명 속에 살아가고 있다. 그렇다면 우리는 지금 가장 편하고 행복한 삶을 살고 있는가? 행복이란 단어 앞에 충분한 만족감을 느끼며 살아가는 사람은 많지 않을 것이다. 오히려 지금이 과거 어느 때보다 치열하고 힘들다면서 불만족스러워 하는 사람도 많을 것이다.

'전쟁 같은 인생'이란 표현이 딱 맞다는 생각이 든다. 왜 그런가? 전체적으로 인류가 발달한 것은 사실이지만 개인적으로는 더욱 치열한 경쟁을 뚫어야 하기 때문이다. 문명이 발달한 것에 비례하여 욕심도 커졌고 그 욕심을 채우기 위해서는 전쟁 같은 경쟁을 뚫어야 한다. 지금은 역사상 가장 치열한 경쟁 속에서 살고 있다. 그래서 전쟁 같은 인생이 되었고, SNS의 발달로 다른 사람과 비교하면서 상대적 박탈감을 느끼기에 행복하지 않다고 생각하며 살고 있다.

자신의 삶에 만족하지 않는 사람들이 많다. "이대로 살고 싶은가?"하고 물으면 많은 사람이 그렇지 않다고 대답하면서도 어떠한 노력을 하려고 하지는 않는다. 인생이 바뀌기 원하는가? 그렇다면 나의 생각을 바꾸고 나의 행동을 바꿔야 한다.

"어떻게 하면 나의 생각을 바꿀 수 있을까?", "어떻게 하면 나의 마인드를 바꿀 수 있을까?" 필자는 이 질문에 대한 답을 연구하고 가르치는 일을 하는 사람이다. 오랜 연구와 실증 끝에 발견한 것이 있는데 그것은 바로 나의 말을 바꾸는 것이다.

그렇다면 "말을 어떻게 바꿔야 내가 바뀔 수 있을까?" 이 책은 그 비밀에 대하여 이야기하고자 한다. 무엇을 어떻게 말해야 하는지에 대한 훈련을 통하여 나의 인생을 바꾸는 효과가 검증된 교육 프로그램을 담고자 한다. 바뀌지 않으면 아무 일도 일어나지 않는다. 오히려 위험에 빠질 수도 있다. 진정 바뀌기 원한다면 당장 움직여야 한다. 이 책은 당장 움직일 수 있도록 여러분을 도울 것이다.

전쟁 같은 현실에서 최고의 무기는 나자신이다. 나를 개발하고 나 자신을 믿고 나의 강점을 발현시키고 자기 암시를 지속하면 나도 할 수 있다는 강한 신념이 생긴다. 신념은 내 속에 잠재된 잠재 능력을 발현시켜 나를 능력자로 변화시킨다. 신은 인간에게 막대한 능력을 부여해 주셨다. 자신에게 부여된 능력을 믿고 활용하는 방법을 익힌 다면 우리는 많은 것들을 이루며 살아갈 수 있다. 자신에게 그 능력이 있는데 그것이 있는 줄도 모르며 이를 사용하지 않고 사는 것처럼 안타까운 인생은 없다.

어떻게 그 능력을 발견하고 증진시키고 사용할 수 있을까? 여러 방법이 있겠지만, 필자는 그 중에서 말하기, 스피치를 통하여 개발하는 방법을 발견하였다. 말을 하면 자신의 잠재 능력이 깨어난다. 이것은 먼저 자기 자신에게 자신의 힘을 강화시켜 주고, 나아가 다른 사람에게도 협력을 끌어낼 수 있게 해준다. 그렇게 협력하여 성공을 이루게 하는 원리로 나 자신과 세상을 변화시킨다. 역사상 성공한 억만장자들은 하나같이 이런 원리를 실천한 사람들이다.

필자는 성경에서 다음과 같은 구절에 집중하였다.

"내게 능력 주시는 자 안에서 내가 모든 것을 할 수 있느니라"

능력 폭발

이때 '능력'이란 단어를 보고 깜짝 놀랐다. 그래! 모든 인간은 하나님의 형상대로 만들어졌고, 하나님을 닮아 그 능력을 갖고 있다. 만약 그 능력을 사용할 수 있다면 세상에 못할 것이 없다! 이런 생각이 들면서 자신의 능력을 쓰며 살아가는 방법을 생각하게 되었다. 사람들은 저마다 능력의 차이가 있지만 그것은 겉으로 드러난 능력일 뿐이다. 잠재된 능력까지 포함하면 세상 누구든 무한한 능력을 발현할 수 있다. 이 책은 그 능력을 끄집어내는 방법으로 상상, 자기 암시, 스스로에 대한 믿음, 신념문구 낭독 등을 제시한다.

한 번뿐인 인생, 지나가면 돌아오지 않을 시간, 어떻게 하면 성공적인 삶을 살 수 있을까? 돈을 많이 벌어도 다 쓰지 못하고 죽는다면 얼마나 안타까운 현실인가! 마찬가지로 우리의 능력이 어마어마한데, 그 능력을 사용하지 않고 세상을 떠난다면 얼마나 안타까운 일인가! 우리의 능력을 사용하며 살아야 한다. 당신 안에 잠재되어 있는 무한한 능력을 사용해야 한다.

잠재 능력을 사용하지 못하는 까닭은 눈에 보이지 않기 때문이다. 세상은 보이는 것과 보이지 않는 것으로 나뉜다. 보이는 것을 믿는 것은 진정한 믿음이 아니다. 보이지 않는 것을 믿는 것이 진짜 믿음이다. 공기가 보이지 않는다고 없는 게 아니다. 마음이 보이지 않는다고 존재하지 않는 것이 아니다. 사랑, 소망, 믿음… 등 중요한 건 보이지 않는 법이다. 보이지 않는 것을 믿어야 진짜 믿음이다.

잠재 능력도 마찬가지다. 눈에 보이지 않지만 당신이 생각하는 것보다 훨씬 큰 능력이 있으며 그 능력을 사용하면 당신의 삶, 당신의 인생을 바꿀 수 있다. 이 책에는 그러한 잠재 능력을 사용하는 방법이 담겨 있다. 당신의 능력을 마음껏 사용하며 성공적인 삶을 사는 방법이 담겨 있다.

이 책은 또한 성공에 대한 새로운 개념도 제공한다. 그것은 나 혼자만의 성공이 아니라 '성공시키면 성공한다'는 초월적 성공 개념이다. 나폴레온 힐의 『놓치고 싶지 않은 나의 꿈 나의 인생』에는 나폴레온 힐이 세계적으로 성공한 507명의 성공자를 만나서 정립한 성공의 법칙이 담겨 있다. 그 성공 법칙을 잘 분석해 보면 '성공시키면 성공한다'라는 초월적 성공 개념으로 귀결된다. 이러한 성공의 철학은 나만의 성공이 아닌 우리 모두를 성공으로 이끌어주기 때문에 한 번뿐인 당신의 인생을 가장 가치 있고 의미 있는 삶으로 이어줄 것이다.

여러분이 할 수 있다고 말하면 그 말로 인하여 잠들어 있던 잠재 능력이 깨어나고, 그 거대한 잠재 능력이 여러분을 성공적인 삶으로 인도할 것임을 믿는다. 부디 이 책이 당신의 한 번뿐인 인생, 지나가면 다시 돌아오지 않을 시간을 성공의 길로, 빛나는 길로 인도하는 내비게이션이 되길 바란다.

이명종

Part 3 ———————————————————

최상의 나 자신으로 성장하기
꿈은 이루어진다

Part 4 ———————————————————

협력과 좋은 인간관계
함께 이루는 성과

Part 5 ————————————————————————————

초월적 성공
나를 넘어 세상을 위한 영향력

Part 6 ————————————————————————————

실행과 행동
꿈을 현실로 만드는 힘

Part 7

꿈을 이루어주는 말의 신비
말하는 대로 이루어지는 기적

Part 8

무한한 능력 발휘
비전을 통한 확장

Part 1

도전의
첫걸음
안전지대에서 벗어나기

01

멍게 이야기
안전지대와 도전지대의 차이

　이것은 멍게다. 멍게는 처음에 새끼(유생)였을 때 물속을 떠다닌다고 한다. 그러다가 가장 안전하고 가장 따뜻하고 가장 먹을 곳이 많은 곳을 찾아서 자리를 잡고 그곳에서 뿌리를 내린다. 그리고 평생을 움직이지 않고 그 자리에서 살아간다. 동물로 태어났는데 식물처럼 움직이지 않고 살아가는 아주 독특한 생물 중의 하나인 것이다.

그리고 멍게는 뇌가 없다. 멍게는 오로지 육질과 소화기관만 있다. 신기하다. 뇌가 없는 생물이 있을까? 사실 멍게는 유생이었을 때 뇌의 형태가 분명하게 존재했다. 어디서 살아야 되지? 어디가 안전할까? 어디가 먹이가 많은 걸까? 고민하면서 자신의 뇌를 사용하기 때문이다. 하지만 멍게는 자라면서 뇌와 척추가 퇴화한다.

멍게는 뇌가 없는 무척추동물로 분류되지만 사실 처음부터 그런 것은 아니다. 멍게는 알에서 태어나 유생으로 자라다가 성체로 변화하는 성장단계를 거치는데, 유생 시기에는 척추동물처럼 뇌와 척추를 가지고 태어난다. 그리고 꼬리를 이용하여 자유롭게 헤엄칠 수 있는 능력도 가지고 있다. 그 모습이 마치 올챙이와 유사하다.

하지만 멍게 유생은 힘들게 먹이를 찾아다니는 힘든 삶을 포기하고 곧 한 곳에 정착하여 안전하게 살아가는 삶을 선택한다. 이 과정에서 멍게 유생이 멍게로 변하는 일이 일어나는데, 이때 놀라운 일이 발생한다. 새로운 먹이를 찾을 노력을 하지 않고 자신의 몸을 먹이로 하며 영양분을 보충한다는 사실이다. 이 과정에서 멍게는 자신의 뇌와 척추를 먹어버린다. 그래서 성체가 된 멍게에는 뇌도 없고 척추도 없다. 그리고 우리는 그런 멍게의 최후를 많이 보아 왔다. 뇌가 없는 멍게, 움직이지 않는 멍게는 그렇게 자신이 선택한 자리에서

능력 폭발

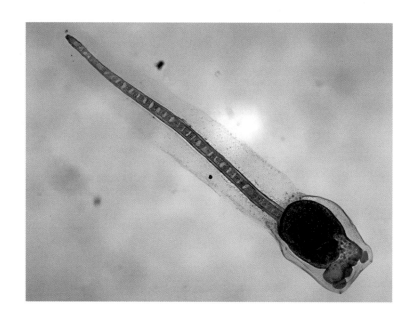

만 살다가 결국 천적의 공격에 어떠한 저항도 못하고 생을 마감하게 되는 것이다.

멍게의 삶을 바라보며 주변에 이와 비슷하게 살아가는 사람이 떠오르는 것은 나만의 착각이 아닐 것이다. 멍게처럼 살아가는 사람들이 너무 많기 때문이다. 흥미롭게도 사람과 멍게의 유전자는 80% 정도가 일치한다. 실제 사람과 멍게는 매우 다른 동물이지만, 유전자 측면에서 보면 이야기가 달라진다. 멍게는 척삭동물에 해당하는데, 이것은 척추동물의 초기에 해당하는 형태다. 사람 역시 척삭동물문에 해당한다. 또 사람과 멍게는 많은 유전자를 공유하고 있다. 혹스 유전자(Hox gene)는 생물의 신체 구조를 계획하는 데 중요한 역할을 하는 유전자인데, 사람과 멍게 모두 혹스 유전자를 가지고 있다. 또 신경계의 발달과 알츠하이머병과 관련이 있는 유전자인 APP 유전자 역시 사람과 멍게 모두 가지고 있다. 그 외 헤모글로빈과 같은 산소 수송 단백질과 관련된 유전자들 역시 사람과 멍게 모두 가지고 있다. 이렇듯 사람은 멍게와 유사한 유전자를 가지고 있다는 점에서 매우 친밀한 관계라는 사실을 알 수 있다. 이 때문에 사람 중에서도 멍게와 유사한 생활습성을 가진 사람들이 많은지도 모른다.

사람 중에서도 멍게처럼 자신만의 안전지대를 만들어 편히 살아가려는 본능을 가진 이들이 많다. 당장 쉬는 날 집에 있는 자신의 모습을 살펴보라. 필자도 항상 가만히 앉아 있으면 눕고 싶고 누우면 자고 싶은, 나에게 편안한 자리나 안전한 자리가 있으면 계속 안주하고 싶은 마음이 많이 든다. 사람들은 점점 더 편안하고 안락한 자리에 머무르려 한다. 사회적으로도 마찬가지다. 어떻게든 자신의 안전지대를 만들고 거기에 안주하려는 속성이 있다. 그래서 안정된 직장, 안정된 생활을 추구하며 살아가는 것이다.

안전은 매슬로우가 주장한 인간의 기본욕구 5단계 중 2단계에 해당할 만큼 중요한 욕구다. 사람이 자신만의 안전지대를 만들려는 것은 바로 이 욕구에 충실한 까닭일 것이다. 하지만 매슬로우는 또다른 상위의 욕구로 3단계 사회적 욕구, 4단계 존경 욕구, 5단계 자아 실현 욕구를 주장하고 있다. 즉 인간은 기본 욕구인 1단계 생리적 욕구와 2단계 안전 욕구만 충족한다고 해서 살아갈 수 있는 멍게같은 존재가 아니라는 것이다.

멍게와 달리 인간은 더 나은 삶을 위해 스스로 도전을 결정할 수 있는 능력이 있다. 필자는 고민이 되는 결정이 있을 때, 늘 이 멍게 사진을 기억한다. 지금 나는 멍게가 되는 선택을 하는가? 아니면 멍게가 되지 않는 선택을 하는가?

당신은 멍게처럼 안전지대에만 머무는 선택을 하는 사람인가? 아니면 우리의 고유의 능력을 사용하며 도전지대로 나아가고자 하는 사람인가? 안전지대에 머물면 멍게처럼 편하게 살아갈 수는 있을 것이다. 하지만 안전지대에 머물러 있다면, 변화하거나 도전하지 않는다면 결국은 멍게처럼 자신의 능력을 녹여버리고 또 누군가의 먹이가 될 뿐임을 잊지 말아야 한다.

당신의 소중한 삶을 성공의 대열로 이끌기 원한다면 이제 안전지대에서 나와야 한다. 알프레드 아들러의 심리학 거장으로 유명한 기시미 이치로는 그의 저서 『아무것도 하지 않으면 아무 일도 일어나지 않는다』에서 '행동하지 않으면 아무 일도 있어나지 않는다'는 진리를 역설했다.

안전지대에만 머문다면 우리의 능력은 점점 희미해질 것이다. 지금 이 글을 읽는 순간에 바로 멍게가 되지 않는 결단을 내리기 바란다!

하루 빨리 안전지대를 나와 도전지대로 나아가야 한다. 도전지대 란 당신의 꿈을 이루기 위해 나아가는 공간이다. 당신의 성공을 위해 행동하는 공간이다. 당장은 안전지대가 편안하고 좋아 보이며, 도전지대는 좁고 험난해 보이지만 시간이 지나면 상황이 곧 역전될 것이다. 안전지대가 도리어 불행한 곳으로, 도전지대가 행복한 곳으로 말이다.

능력 폭발

02

한 번뿐인 인생을 위한 결단

놓칠 수 없는 순간과 성공적인 삶의 선택

현대인은 전쟁 같은 인생, 비즈니스 현장을 살아가고 있다고 해도 과언이 아니다. 남과 비교되는 경쟁 세상에서 이겨야 살아남을 수 있는 치열한 환경 속에 있기 때문이다. 이러한 경쟁 세상에서 가장 필요한 것은 무엇일까? 바로 내가 가지고 있는, 내가 사용할 수 있는 나의 능력을 쓰는 것이다. 능력이란 어떤 일을 능수능란하게 해낼 수 있는 힘을 뜻한다. 현대인은 이러한 능력이 있어야 생존할 수 있고 또 성공적인 삶도 이룰 수 있다.

우리는 흔히 성공한 사람을 보며 능력자란 생각을 한다. 성공한 사람이 능력자인 것은 분명하다. 그렇다면 나는 어떨까? 성경을 보면 인간은 신의 형상을 닮게 만든 존재라고 나온다. 인간은 신의 형상으로 만들어졌기에 신의 능력을 닮을 수 있는 존재이다. 즉 우리에게는 신의 무한한 능력이 잠재되어 있다. 나도 능력자인 것이다.

문제는 그 잠재된 능력을 얼마나 끄집어내어 내 것으로 사용할 수 있느냐에 달린 것이다. 그렇다면 우리는 이러한 능력을 어떻게 끄집어내고 증진시키며 활용할 수 있을까? 성경 빌립보서 4장 13절에 다음과 같은 말씀이 있다.

"내게 능력 주시는 자 안에서 내가 모든 것을 할 수 있느니라"

내 안에 잠재된 능력(신의 형상으로 받은 능력)을 활용할 수 있다면 어떤 상황에서든 내가 원하는 일을 해낼 수 있음을 뜻한다. 신이 준 내 안에 잠재된 능력은 어느 정도일까? 그것은 측량할 수 없을 만큼 어마어마하고 대단하다. 잠재 능력은 잠재의식과 관련이 있다고 할 수 있다. 의식과 잠재의식을 비교하는 다음 그림을 보라.

바다에 잠긴 빙산의 모습이다. 우리는 겉으로 드러난 바다 위 빙산의 모습만으로 빙산의 크기를 가늠하지만, 바다 속에 잠재된 실제 빙산의 크기까지 합하면 이보다 훨씬 크다는 사실을 알 수 있다. 이 그림에서 바다 속에 잠긴 빙산의 크기가 잠재 능력의 크기에 해당한다고 할 수 있을 것이다. - 실제로는 이보다도 훨씬 클 수 있다 - 만약 당신이 이처럼 엄청난 잠재된 능력을 가지고 있는데, 평생동안 한번도 사용하지 못하고 이 세상을 떠난다면 이보다 안타까운 일이 또 어디 있겠는가.

이러한 잠재 능력을 사용하기 위해 첫 번째로 해야 할 일은 무엇일까? 잠재 능력은 깊은 무의식 속에 숨어 있는 능력이다. 따라서 이러한 잠재 능력을 끄집어내기 위해서는 평상을 뛰어넘는 어떤 도전이 되는 상황이 필요하다. 일상이 아닌 극한의 상황일수록 극한의 능력을 발휘하게 되는 것이다.

필자가 처음 강의 사업을 시작할 때는, 강의가 있는 시간에만 강의장을 빌려서 강좌를 열었었다. 그런데 그 다음 해에는 종로에 있는 빌딩의 3개 층을 계약하여 강의장과 사무실을 마련하고 강좌를 개설했다. 사람들은 필자의 강의에 우호적이었고 수료생들도 협력을 해준다고 하기에 큰 강의장과 사무실을 마렸했는데, 현실은 냉혹하기만 했다. 그해 겨울에 그토록 매섭고 추운 겨울바람과 황량한 냉기를 잊을 수가 없다. 커다란 건물에서 강좌는커녕 방문하는 사람도 없이, 하루종일 혼자 강의장을 지키는 날이 허다했었다. 난방비가 아까워서 작은 전열기구만 발 밑에 켜놓고 강의 프로그램을 개발하고 연구했던 날의 연속이었다. 그리고 하루하루 강좌도 없는 강의장과 사무실의 임대료와 관리비를 그저 날리고 있다는 자괴감에 스스로 위축되고 막막한 나날의 연속이었다.

연말에 수료생들이 초청해준 여의도의 메리어트호텔 중식당에서 기분 좋게 식사를 마치고 나왔는데 주차장에서 출차를 할 수가 없었다. 그 드넓은 지하를 혼자 왔다갔다하며 입구로 후진하면 다시 돌아나갈 수 있을까? 주차 차단봉을 올리고 나갈까? 업무용차량들의 출입구가 별도로 있지 않을까? 하며 허둥지둥 주차장을 헤매이며 마음이 무너지는 경험을 한 날도 있었다. 왜 주차장에서 차를 빼지 못한 것일까? 새로운 강의장을 마련하느라 집을 팔아 투자했지만 계획대로 운영이 되지 않아서 각종 연체과 독촉으로 결국 카드가 다 정지되고, 아내의 신용까지 바닥을 긁어 사회생활을 하기 어려운 상황까지 치닫게 된 것이었다. 그날 지하 주차장을 돌고돌며 마음이 무너지는 순간, 허둥대며 초라해진 내 모습에 정신이 번쩍 들었다.

이렇게 힘들고 어렵게 시작한 종로에서의 사업은 이제 끝나는가 하는 시점에 왜 나는 내가 강의하는대로 도전하지 않는가? 하루종일 건물에 혼자 있는 상황은 달라진 게 없었지만, 환경은 바꿀 수 없는 부분이었지만, 내 마음은 내가 바꿀 수 있는 부분이 아닌가?

능력 폭발

그래서 다시 마음을 다잡고 7시 출근을 시작했다. 출근하자마자 성경을 보고나서 '생각은 드는 것이고 말은 하는 것이다' 라는 신념으로 소리내어 기도하며 나 스스로에게 할 수 있다는 긍정의 말, 지금 이 모든 상황이 감사하다는 말을 하는 시간을 30분동안 가졌다. 하루이틀 한다고 달라지는 것은 없었고, 일주일, 열흘이 지나도 획기적으로 달라지진 않았다. 하지만 그렇게 시간이 지나고 순간순간 버티다 보니 매서운 겨울은 영원하지 않다는 것을 체험할 수 있었다.

결국 시간의 흐름 속에 봄이 찾아 왔고 정성을 다해 성장을 함께 한 수강생들이 하나하나 협력자가 되어, 이제는 월요일부터 토요일까지 매일 강의장에서 수업이 이뤄지고 있으며, 나의 캘린더에는 매달 하루도 빠짐없이 강의 스케줄이 채워지는 기적을 경험하고 있다.

내 자신이 도전의 상황, 극한의 상황에 놓여질수록 생각지도 못했던 좋은 아이디어들이 많이 떠올랐고 위기감에 잠을 못잘수록 새벽에 나올수록 생각은 더욱 명료해져서, 단기간에 스피치 최고위과정, 골프 최고위과정, 독서포럼 최고위과정과 부산지사 설립과 부산 최고위과정 런칭 등의 일을 할 수 있었다. 기존의 편안한 그리고 부담되지 않는 타인의 강의장에 머물러 있었다면 이런 도전이나 몰입력, 나 자신을 극복하는 경험을 얻지 못했을 것이다. 그 사이에 고생을 한 것으로 보이지만 더욱 성장하고 더욱 단단해진 나 자신의 모습에 만족을 한다.

이 외에도 위기의 상황에서 자신의 잠재된 능력을 사용하는 이야기는 무수히 많다. 대다수의 이야기에서 귀결되는 주제는 내 안의 잠재 능력을 끄집어내기 위해서는 편안하고 안전한 지대에 있어서는 안 된다는 것이다. 안전지대에서는 변화가 생기지 않는다. 무척 힘들겠지만, 나의 주활동 무대를 스스로 안전지대에서 도전지대로 옮겨야 한다. 안전지대는 편안하고 안락하겠지만 그 끝은 한계가 있을 수밖에 없다. 반면 도전지대는 처음엔 어렵고 힘들겠지만 그 끝은 성장과 발전이라는 사실을 잊지 마라.

나를 안전지대에서 도전지대로 옮기기 위해 처음 해야 할 일은 무엇일까? 그것은 안전지대에서 도전지대로 옮기겠다는 결단이다. 결단의 한자어 중 결단할 결(決)자는 水(물 수)와 夬(결단할 쾌)가 합쳐진 글자로 구성되어 있다. 이것은 막힌 물길이 뚫리는 것을 뜻한다. 또 끊을 단(斷)자는 絲(실 사)가 여러 개 얽혀 있는 모양에 斤(도끼 근)이 합쳐진 글자로 구성되어 있다. 즉 복잡하게 얽혀 있는 실타래를 도끼로 끊어낸다는 뜻을 담고 있다. 결단은 이와 같은 것이다. 막혀 있는 내 마음의 물길을 뚫어내고, 마구 얽혀 있는 내 마음의 실타래를 도끼로 끊어내어 풀어내는 마음이 바로 결단인 것이다.

역사적으로 성공한 수많은 사람은 바로 이 결단을 통하여 마음을 180도 바꾸고 성공을 이루어내었음을 잊지 마라. 그것은 결단이야말로 나를 바꿀 수 있는 최고의 에너지를 품고 있기에 가능한 일

능력 폭발

이다. 안전지대에서 도전지대로 나를 옮기겠다는 결단은 한 번뿐인 인생에서 나의 능력을 쓰게 하는 결단이라 할 수 있다. 성공의 첫걸음은 결단이다.

그런데 우리가 결단을 해도 자칫 작심삼일로 끝날 수도 있다. 이는 결단을 성공시키기 위한 조건이 부족하기 때문이다. 그렇다면 그 조건이 무엇인가? 가장 중요한 것은 바로 결단을 성공시킬 수 있다는 믿음이다.

03

보이지 않는 믿음

눈에 보이지 않는 것을 신뢰하는 진짜 믿음

세상은 보이는 것과 보이지 않는 것으로 나뉜다. 대개 물질세계는 보이는 세계요, 비물질세계는 보이지 않는 세계다. 믿음이란 이러한 보이는 세계와 보이지 않는 세계 중 보이지 않는 세계를 마치 보이는 것처럼 믿는 것을 뜻한다. 어떻게 보이지 않는 세계를 보는 것처럼 믿을 수 있을까?

물질세계는 보이는 세계라 했지만, 물질세계 중에도 눈에 보이지 않는 세계가 있다. 바로 공기가 대표적이다. 공기는 물질이지만 눈에 보이지 않는다. 하지만 공기가 눈에 보이지 않는다고 없는 게 아니라는 사실은 모두가 알고 있다. 공기는 질소와 산소 및 여러 기체가 혼합되어 있는 물질세계임이 과학에서 이미 밝혀져 있다. 그럼에도 불구하고 공기가 눈에 보이지 않는 까닭은 공기가 매우 작은 분자 알갱이로 이루어져 있으며, 이때 분자 알갱이의 간격이 서로 멀리 떨어져 있기 때문이다. 이러한 물질의 상태를 기체라고 하는데, 기체는 이러한 성질로 인해 눈에 보이지 않는 특징이 있다. 반면 액체와 고체는 분자나 원자 알갱이가 촘촘하게 밀집되어 있기에 눈에 보이는 모양을 이루고 있다.

이처럼 물질세계의 존재와 구성원리에 대해서는 과학에서 밝혀냄으로써 어느 정도 그 비밀이 밝혀져 있다. 하지만 정신, 지식, 생각, 말, 감정 등과 같은 비물질세계에서 대해서는 아직 과학적 원리가 밝혀지지 않았다. 하지만 이러한 비물질적 요소들이 작동하는 원리로 들어가면 이야기가 달라진다.

예를 들어 내가 하고 있는 일이 이루어질 것이란 사실은 알기가 힘들다. 이처럼 어떤 비물질적 사실이 눈에 보이지 않아 알기 힘들 때 필요한 것이 믿음이다. 앞에서 잠재 능력에 대한 이야기를 했는데, 이 또한 눈에 보이지 않으므로 잠재 능력이 발현될지 안 될지 알 수 없는 상태다. 따라서 잠재 능력이 이루어질 것이라는 사실도 믿음의 대상이 된다. 눈에 보이는 것은 이미 알고 있으므로 믿음의 대상이 아니라 사실의 대상이다. 하지만 눈에 보이지 않는 것은 사실을 알 수 없으므로 믿음의 대상이 된다. 눈에 보이지 않는 것을 실제 있다고 믿는 것, 그것이 바로 믿음인 것이다.

그렇다면 이러한 믿음을 갖게 되면 어떤 일이 일어날까? 믿음은 추상적 개념이기에 실체적 힘이 없다고 생각하는 사람들도 많지만, 실제 믿음이 나타내는 힘은 당신이 생각하는 것보다 훨씬 크다. 믿음이 무엇이라고 했는가? 보이지 않는 것을 실제 있다고 믿는 것이라고 했다.

일반적으로 많은 사람이 알고 있는 플라시보 효과가 있는데 이는 가짜약을 진짜약이라 속이고 환자에게 먹였을 때 나타나는 효과를 뜻한다. 환자는 가짜약을 먹었음에도 불구하고 병이 낫는 경험을 하게 되는데, 그것은 약의 효과보다 이 약을 먹으면 나을 것이란 믿음이 만들어낸 효과 때문이라고 할 수 있다. 또 상상임신이라는 게 있는데 이는 실제 임신하지 않았음에도 불구하고 임신했을 때와 유사한 증상이 나타나는 것을 뜻한다. 실제 상상임신을 한 사람은 진짜 임신을 한 사람처럼 입덧, 생리 멈춤 등의 현상이 나타나며 심지어 배가 나오는 증상이 나타나기도 한다. 이것은 실제 임신하지 않았음에도 불구하고 내가 임신했다는 강한 믿음이 나타낸 결과라고 할 수 있다.

그렇다면 어떻게 플라시보 효과나 상상임신 증상 같은 현상이 나타날 수 있을까? 이것이 바로 믿음의 비밀을 푸는 열쇠다. 믿음의 힘에 대한 원리를 이해하기 위해 우선 우리 몸의 작동원리를 이해하는 것이 필요하다. 우리 몸을 작동시키는 중추적 역할을 하는 것은 뇌라고 알려져 있다. 뇌에서 마음의 작동을 일으키고 몸에 신호를 보내어 몸이 작동하는 원리로 움직이기 때문이다. 하지만 인간의 몸은 마음이 먼저 작동하고 뇌가 반응하는 원리로도 일어날 수 있다. 이 반응은 마음-뇌-몸의 메커니즘으로 작동한다. 이 메커니즘에서 우리는 믿음의 힘이 작동하는 원리를 발견할 수 있다. 플라시보 효과를 예로 들면 먼저 약을 먹고 마음에서 나을 것이란 믿음이 작동한다. 이 믿음은 뇌로 전달되고 뇌는 몸이 낫기 위한 각종 호르몬과 물질 등을 분비시킨다. 이로써 가짜약을 먹었음에도 불구하고 몸이 낫는 현상이 일어나게 되는 것이다. 상상임신도 이 메커니즘으로 설명할 수 있다. 나는 임신했다는 강한 믿음이 뇌로 전달된다. 뇌는 이를 임신했다는 신호로 받아들이고 임신과 관련된 각종 호르몬과 물질을 분비시킨다. 이 때문에 임신과 유사한 각종 증상이 나타나게 되는 것이다.

우리는 이러한 예를 통하여 뇌가 생각보다 단순하다 사실을 발견할 수 있다. 어떻게 가짜약인데도 불구하고 속을 수 있는가, 어떻게 상상임신인데도 불구하고 못 알아차릴 수 있는가? 여기에서 우리는 뇌 자체는 물질에 해당하는 몸의 일부분일 뿐임을 알아야 한다. 물질은 비물질의 지배를 받는 존재이기에 비물질보다 똑똑할 수가 없다. 여기에 뇌도 예외는 아니다. 이 때문에 뇌는 마음의 믿음이 강하게 전달되면 그것을 받아들이고 수행할 수밖에 없다. 이것이 바로 마음의 믿음이 나타내는 힘이다. 강한 믿음은 뇌로 전달되며 뇌는 몸을 작동하게 만든다. 즉 강한 믿음은 몸을 움직여 행동하게 만듦으로써 믿음의 내용이 이루어지게 하는 힘을 발휘하는 것이다.

히브리서 11장 1절 말씀에서는 믿음을 다음과 같이 정의하고 있다.

"믿음은 바라는 것들의 실상이요 보이지 않는 것들의 증거니"

이것을 실생활에서 사용하는 쉬운 말로 번역하면 '믿음은 바라는 것을 보증해 주고 보이지 않는 것을 확증해 주는 것'이라고 정의할 수 있다. 바라는 것을 보증해 주므로 바라는 것이 반드시 이루어지는 것이 곧 믿음이다. 또 보이지 않는 것을 확증해 주므로 보이지 않는 것이 실제 있게 되는 것이 곧 믿음인 것이다. 믿음은 이와 같은 것이기 때문에 현실에서 강한 힘을 발휘한다.

사실 사람들은 누구보다 자기 자신을 잘 알고 있다. 내가 얼마나 부족한 사람인지, 의지력이 약한지, 신체적 능력이나 지적 능력이 탁월하지 않은지… 현실을 보면 온갖 허점 투성이이고 불완전한 나 자신만 보인다. 하지만 우리는 보이는 나를 믿는 것이 아니라, 아직 이루지 못했지만 어떤 것을 이룬 나의 모습을 믿어야 한다. 그래야 비로소 나의 능력이 발현되는 것이다. 우리는 특별해 보이지 않고 부족한 나 자신을 보는 것이 아니라, 특별하고 이루어 나가는 나 자신을 믿는 믿음을 보아야 하는 것이다.

과학의 법칙에 Like likes like라는 법칙이 있다. 같은 것은 같은 것을 좋아한다는 뜻으로 이것은 자연에도 보편적으로 퍼져 있는 법칙이다. 물은 같은 물과는 섞이나 기름과는 섞이지 않는다. 동물도 같은 종끼리 모여 산다. 이것은 인간에게도 적용할 수 있다.

사람들은 비슷한 성격이나 관심사, 가치관을 가진 사람들과 더 잘 친해지고 가까운 관계를 형성하게 된다. 실제 소셜 미디어나 커뮤니티에서도 비슷한 관심사나 신념을 가진 사람들이 모여서 소통하는 모습을 볼 수 있다. 우리 선인들은 이미 유유상종이라는 표현으로 이 특성을 지칭해 왔다.

이와 같이 내가 성공에 대한 믿음을 가지면 그 성공과 비슷한 성질을 가진 사람들이 끌려온다. 그들과 협력관계가 형성되므로 성공에 더욱 가까이 다가갈 수 있게 된다.

우리가 살고 있는 세계는 단지 물질세계만이 아니라 4차원 비물질의 세계도 있다. 4차원 비물질세계에도 에너지가 작동하는데 이를 기운이라 표현하기도 한다. 이러한 기운에는 양의 기운도 있고 음의 기운도 있으며 양의 기운은 디테일하게는 수만 가지 기운으로 나뉘고, 음의 기운도 디테일하게는 수만 가지 기운으로 나뉜다. 이런 가운데 내가 어떤 믿음을 갖게 되면 그 믿음에 해당하는 기운이 끌어당김의 법칙에 의해 끌려오게 된다. 그리하여 믿음을 더욱 강화시키므로 성공을 향해 가는 데 큰 도움을 받게 되는 것이다.

과학에 공명이라는 현상이 있는데, 이는 같은 진동수를 가진 에너지끼리 반응하여 에너지가 증폭되는 현상을 뜻한다. 이런 가운데 내가 어떤 믿음을 갖게 되면 그 믿음 역시 기운에 해당하므로 그 믿음에 해당하는 진동수를 가지게 된다. 그리고 믿음은 그 믿음과 같은 진동수를 가진 다른 기운과 연결되어 공명 현상을 일으키게 된다. 그리하여 믿음은 더욱 증폭되면서 더 크고 더 힘 있게 성공을 향해 가는 여정에 도움을 주게 되는 것이다.

이처럼 보이는 나자신을 믿는 것이 아니라 보여지지 않는 나자신의 능력을 믿는다면 나의 뇌를 비롯한 나의 신체를 최대한 활용할 수 있고, 나의 에너지와 비슷한 사람들을 만나서 서로 협력하며 성공적인 삶을 살 수 있게 되는 것이다. 이러한 믿음이 있어야 안전지대를 박차고 나갈 힘이 생기고 평범한 사람이 비범한 능력을 발휘하게 되는 것이다.

살다보면 나의 기운과 잘 통하는 느낌을 주는 사람을 만날 때가 있다. 그런 사람과 함께 있으면 더 자신감이 생기고 새롭게 도전할 용기가 생기고 힘들지만 힘이 나는 행복감이 드는 경우가 있다. 이런 상태일 때 우리는 우리의 능력을 폭발시키고 기적을 만들어 낼 수 있다. 이렇게 진동수가 비슷한 사람들과 모여 비약적인 성장을 만들

능력 폭발

어 내는 공명 현상을 필자는 '협력자 효과'라고 정의한다. 역사적으로 얼마나 많은 사람이 자신에 대한 믿음을 가지고 협력자들과 함께 역사를 만들어 내고 사람들의 삶을 바꾸어 냈는지 설명하도록 하겠다.

나의 능력을 발휘하지 못하게 하는 안전지대 리스트 작성하기

1. 비즈니스에서의 안전지대

성장기회가 없는 반복된 업무, 실수해도 아무런 피드백이 없는 위험부담이 없는 환경, 자기계발을 하지 않아도 되는 안정적인 복지나 댓가는 무엇이 있는가?

_____

_____

_____

2. 교육에서의 안전지대

새로운 시도를 하지 않게 만드는 익숙한 공부방식, 낮은 목표설정, 실패를 두려워하게 만드는 환경은 무엇이 있는가?

_____

_____

_____

3. 관계에서의 안전지대

다양한 사람을 만나지 않고 익숙한 사람들만 만나는 인간관계, 갈등을 회피하기 위해 다른 의견을 아예 제시하지 않는 인간관계가 있는가?

_____

_____

4. 경제적 안전지대

새로운 수입모델을 고민하지 않게 하는 스스로 만족하는 마음, 투자나 창업을 시도하지 않는 리스크 회피, 부모의 지원에 의존하는 마음 등 무엇이 있는가?

_____

_____

5. 심리적 안전지대

새로운 취미나 도전을 하지 않는 삶의 반복, 더 나아지려는 의지가 없는 마음, 새로운 환경이나 역할에 대해 부담스러워 하는 것은 무엇이 있는가?

_____

_____

6. 이러한 안전지대를 벗어나기 위한 나의 노력은?
나의 도전지대에 대해 적어보자.

_____

_____

Part 2

내 안의 잠재력 깨우기

마스터마인드 되기

04

원래의 나를 믿는 법

자기 신뢰와 잠재된 능력 깨우기

우리는 Part1에서 믿음에 대한 이야기를 하였다. 무엇에 대한 믿음인가? 첫 번째로 가져야 할 믿음은 자기 자신에 대한 믿음이다. 이를 자기 신뢰라고 한다. 자기 자신을 믿지 못한다면, 내 안의 잠재의식을 깨우는 것은 요원해진다. 자신이 어떤 일을 해낼 수 있다는 자신의 능력을 믿지 못하는데 어떤 능력을 발휘할 수 있겠는가? 내가 나 자신을 믿지 못하는데 타인 또는 세상이 어떻게 나를 믿을 수 있겠는가?

하지만 안타깝게도 세상에는 자기 신뢰 없이 살아가는 사람들이 무척 많다. 그들은 바람, 공기, 온도, 나무, 바다… 등 보여지고 만져지는 의식의 세계에만 갇혀 산다. 그러다 보니 일반적인 동물들처럼 보여지고 만져지는 세계에 종속되어 자신의 능력을 사용하지 못하는 삶을 사는 것이다. 하지만 자신의 잠재 능력을 믿고 나도 해낼 수 있다는 내 안의 능력을 믿는 사람들은 인식 공간이 무의식 세계로까지 확장된다. 무한한 상상의 세계가 펼쳐지며 시간과 공간을 초월한 세계, 현실을 극복한 세계가 펼쳐진다.

이처럼 한 사람의 내면에 형성된 세계를 바라보는 가치관을 세계관이라고 한다. 자기 신뢰의 문제는 곧 세계관의 문제로 연결된다. 세계관이 달라지면 나 자신에 대한 믿음도 달라지게 된다. 한계를 정해놓은 세계관에서 이제 한계를 뛰어넘는 세계관으로 바뀌어야 한다. 이러한 세계관의 변화를 위해 가장 먼저 할 수 있는 일은 내 속에 잠재된 능력을 깨우는 일이다. 이것을 깨닫게 될 때 비로소 오랫동안 굳어 있던 나의 세계관이 꿈틀하게 된다.

필자는 마스터마인드협회를 이끌면서 마스터마인드에 대한 강의를 한다. 마스터마인드란 세계적 성공학의 거장 나폴레온 힐이 창안한 성공인의 마인드를 뜻하는 성공학 용어다. 마스터마인드협회에서는 이러한 마스터마인드 개념을 바탕으로 '마스터마인드 코스'라는 강의 프로그램을 진행하고 있는데, 이 강의에서 활용하고 있는 '사권유 공식'*이라는 훈련 프로그램은 내 안의 잠재의식을 깨우고 잠재능력을 이끌어내는 데 도움을 준다.

---

*   데일 카네기 프로그램의 '스토리텔링' 기법에서 착안해 옴

능력 폭발

사권유 공식

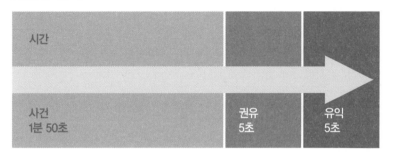

"○○○때 였어요… 이런 일이 있었어요(사건)"

"여러분~…… 하세요(권유), 그러면… 한 유익이 있습니다!(유익)"

사권유 공식에서 '사'는 사건을 뜻하고 '권'은 권유, '유'는 유익을 뜻한다. 이 훈련은 2인 이상이 모인 자리라면 어디서든 시작할 수 있다. 닉네임 제이(Jay) 수강생의 이야기를 통해 알아보자.

"제가 초등학교 저학년 때쯤이었던 것 같아요. 그때 당시에 저와 친구들은 학교 끝나면 항상 마을 공터에 모여서 역할극 놀이를 많이 하곤 했었어요. 그날은 제가 '우리 독수리 오형제가 되어 우리 마을을 지켜주자'라고 하며 집에 있는 수건이나 천을 모두 가져와서 모이자고 했어요. 그래서 우리 다섯 명의 친구들은 각자 핑크수건, 하얀수건, 노랑수건을 등뒤로 두르곤 마을 입구에서 지나가는 사람들에게 착한 팀이냐 나쁜 팀이냐를 물어보며 길을 통과시켜줄지 말지를 결정했지요. 어른들은 하나같이 정의의 편, 독수리 오형제편이라고 하며 미소를 지으며 지나갔어요. 저는 의협심이 더욱 커져서 바로 옆에 있는 뚝방으로 아이들을 소집하고 '우리가 마을을 지키려면 용기와 힘이 있어야 한다! 지금부터 독수리 오형제답게 훈련을 하겠다'고 하며 뛰어 내리라고 했지요. 지금와서 생각하면 어른 허리 정도의 낮은 둔턱이었지만 친구들은 특수훈련이라도 받는냥 즐겁게 뛰어 내리고 또 오르며 시간을 보냈던 기억이 있습니다. 여러분~ 누군가를 지켜주기 위해 힘을 길러 보세요. 그러면 40년이 지난 오늘에게도 즐거운 추억과 힘을 줄 것입니다."

이렇게 해보는 것이다. 어떤가? 이야기를 들으며 상상이 되고 풋풋한 동심을 느끼게 되었는가? 그 이야기 속에 전하는 남을 지켜주는 즐거운 여정에 긍정적인 마음이 드는가?

이것이 사권유 공식으로 잠재의식 속에 있는 잠재 능력을 끌어내는 훈련법이다. 처음에 제이 수강생은 자신의 기억 저편에 있는 유년 시절의 추억을 끄집어내었다. 그것은 어린 시절에 친구들과 독수리 오형제를 구성해서 마을을 지켰던 이야기다. 그는 자신의 추억을 회상하고 누구보다 생동감 있게, 누구보다 몰입해서 이야기 하면서 자신의 잠재 능력을 끌어내는 것이다.

이런 스토리텔링 기법은 사람들을 집중하게 하고 재미와 감동, 메시지를 명확하게 전달해 주는 효과가 있다. 그리고 결정적으로 화자 스스로가 과거의 경험을 통해 오늘을 사는 나에게 의미 있는 메시

능력 폭발

지를 남길 수 있다. 제이 수강생은 최근에 사업이 정체되고 위축되어 고민이 많았는데, 사권유 발표를 하면서 다시금 원래의 나, 잠재의식 속에 묻혀 있었던 스스로의 강점을 느낄 수 있었다고 한다. '맞아, 나는 늘 사람들과 함께 무언가에 도전하기를 좋아했었지. 함께 힘을 모으고 더 나은 결과를 만들어 내는 부분에서 흥미를 느끼고 나의 능력을 잘 발휘하는 강점이 있는 사람이었었지. 지금은 사업이 어렵지만 원래 내가 잘 해왔듯이 가까운 사람들의 힘을 결집시키고 나를 위해 힘을 쓰는 것이 아니라 누군가를 지켜주기 위해 나의 능력을 사용하자. 나는 이 부분을 즐거워하고 잘하는 사람이었어' 라고 생각하며 잠재되어 있었던 자기 자신의 모습을 다시 되찾고 자신에 대한 믿음으로 더욱 활력 있게 사업을 영위해 갈 수 있게 되었다.

이처럼 사권유 공식을 사용하면 과거 속에 나의 경험을 통해 나 자신의 능력을 되찾고, 사람들에게 의미 있는 재미와 메시지를 전달할 수 있는 능력을 증진할 수 있다. 그리고 사권유를 연습하고 사용해 보면, 자연스럽게 커뮤니케이션 능력도 비약적으로 증진시킬 수 있다. 스토리텔링을 통해 소통하는 기법을 배울 수 있기 때문이다.

사람들은 누구나 자기 자신을 중심적으로 생각하기 때문에 다른 사람들의 이야기를 잘 듣지 않는다. 그런 사람들과 소통하기 위해 우리는 어떻게 해야 할까? 내가 전하고자 하는 소중한 메세지를 사람들이 흘려 보내지 않고 기억하게 하려면 커뮤니케이션 능력을 증진시켜야만 한다. 즉 그들이 내 말을 듣지 않을 수 없게 만드는 기술이 필요한 것이다. 이것은 모든 리더와 경영자들에게 정말 중요한 능력이기도 하다. 리더는 팔로워에게 수많은 이야기를 하게 된다. 이때 리더는 팔로워들이 내 이야기를 잘 들을 거라 생각하겠지만 사실 듣는 척하는 경우가 더 많다는 사실을 알아야 한다. 왜냐하면 한 리더의 입에서 나올 수 있는 이야기는 뻔하기 때문이다. 처음 들을 때는 기대감으로 들었을지 모르나 자신과 관련이 없다고 생각하는 순간 반복된 이야기는 따분하게 들릴 뿐이다.

그렇다면 어떻게 해야 상대가 내 이야기를 듣지 않을 수 없게 만들 수 있을까? 그것은 바로 결론을 알 수 없게 이야기하는 것이다. 이때 남의 이야기가 아닌 나만의 스토리를 끄집어내 보자. 그것은 중학교 시절이나 초등학교 시절처럼 좀 더 오래된 이야기일수록 좋다. 오래된 이야기가 좋은 까닭은 나 자신도 잊고 있었던 잠재의식 속 이야기가 될 수 있기 때문이다. 그리고 말을 하기 위해 떠올린 그 잠재의식 저편의 이야기는 오늘을 사는 나에게 주는 의미 있는 메시지이기 때문이다. 수많은 기억 중에 왜 하필 그 이야기가 떠오른 것일까? 그것이 바로 과거의 잠재의식이 오늘을 사는 나에게 주는 메시지가 있기 때문이다. 그래서 이것은 나의 잠재의식을 깨우는 작용을 하게 된다. 그리고 이것은 나만의 경험에 대한 이야기이기 때문에 내가 제일 잘 알고 있는 것이므로 내가 세상의 누구보다 제일 잘 이야기할 수 있다. 내가 제일 잘할 수 있는 걸 가지고 시작하는 것이

능력 폭발

기 때문에 이것은 무조건 이기는 게임이 될 수밖에 없다.

이런 이야기를 할 때 사건을 좀 더 구체적으로 묘사하면 이야기가 영화처럼 살아 움직이게 된다. 앞의 독수리 오형제 이야기를 할 때, "마을 입구에는 어른 허리 만한 둔턱이 있었고요, 저와 친구들은 파란색 자전거 헬멧, 주황색 바가지 등을 머리에 뒤집어 쓰고 세상을 구할 것처럼 지나가는 아저씨들을 팔다리를 벌려 대(大) 자로 막아서며 착한 편인지 나쁜 편이지 검문을 했었지요" 하는 장면 묘사가 들어가면 듣는 사람들은 같이 상상을 하면서 자기도 모르게 그 이야기에 빠져들게 된다. 따라서 이야기를 할 때 그때의 상황을 생생하게 묘사하는 것도 중요하다.

이렇게 사건으로 이야기하지만 사건으로만 끝나버리면 안 된다. 마지막 마무리에 권유와 유익이 들어가야 한다. "여러분, 누군가를 구해주는 일에 자신의 능력을 사용하세요. 그러면 40년이 지난 오늘에게도 추억과 힘을 줄 수 있습니다" 라는 식으로 마무리하는 것이다. 이러한 권유를 할 때 동시에 어떠한 유익이 있다는 사실도 구체적으로 알려주어야 한다.

예를 들어 사방이 막혔을 때, 길을 잃었을 때 돌파하세요(권유). 그러면 길을 찾을 수 있습니다(유익). 이렇게 메시지를 주는 것이다. 그러면 나의 이야기의 주제를 명확하게 상대방에게 전달할 수 있다. 세일즈를 하는 등 사람들을 많이 이해시키고 설득을 해야 하는 일이라면 사권유는 정말 파워풀한 능력을 쓰게 하는 무기가 될 수 있다.

이러한 사권유 훈련은 2분 시간제한으로 진행할 수 있다. 즉 1분 50초 동안 사건을 이야기하고 5초 동안 권유하고 5초 동안 유익을 이야기해 주는 방식이다. 이것은 불과 2분 동안 진행되지만 매우 강력한 힘을 발휘한다. 먼저 자신의 어린 시절 이야기를 끄집어내는 과정에서 자신의 잠재의식을 깨우는 경험을 할 수 있다. 평상시에는 어렸을 때의 기억을 떠올려 보려 해도 뭐가 있었는지 아무 것도 떠오르지 않는 경우가 많다. 하지만 이것을 상대와의 관계 속에서 책임감을 가지고 기억을 떠올리면 나도 모르게 잠재의식이 꿈틀하게 된다. 이와 같은 원리로 사권유 훈련 방식은 잠재의식을 깨우는 강력한 힘을 발휘하게 한다. 상대를 위해서 내 이야기를 해야지 하는 순간 내 잠재의식을 노크하게 되고 잠재의식의 문이 열리면서 이야기를 시작할 수 있게 되는 것이다.

사권유 공식이 힘을 발휘하는 이유는 나 혼자 하는 훈련이 아니라 상대방이 있기 때문이다. 마스터마인드를 창시한 나폴레온 힐은 마스터마인드의 정의에 대해 '두 사람 이상의 멤버가 완벽한 조화의 상태로 합심할 때 형성되는 제3의 지성'이라고 정의하였다. 혼자보다 둘이 함께할 때 더 큰 힘이 발휘되기 때문에 사권유 방식으로 어린 시절 기억을 떠올리면 잠재의식 속에 숨은 기억이 되살아나 더 잘,

능력 폭발

그리고 더 생생히 떠오르게 된다.

이러한 어린 시절의 기억은 나 자신을 알고 나 자신에 대한 믿음을 갖는 데에 큰 도움을 준다. 지금 내가 배짱이 있고 활력이 있으며 파워풀한 것이 어렸을 때와의 접점으로 이어질 수 있다. 모든 것들은 다 어렸을 때의 경험이 지금의 나를 만들었다는 사실을 깨달을 수 있게 된다. 그때 혼이 났어도, 사고를 쳤어도, 불장난을 했어도 그 모든 것들이 지금 나의 능력이 되고 힘이 되어 우리가 살아가고 있는 것이다. 하지만 안타깝게도 우리는 어른이 되면서 이러한 것들을 잊은 채 살아가고 있다. 그런 점에서 사권유 훈련은 다시 한번 우리의 잠재의식 속에 있는 나를 노크하는 의미 있는 시간이 될 수 있다.

어린 시절 무서울 게 없었던 경험을 떠올려 보자. 다시금 나의 잠재되어 있던 능력을 확인할 수 있을 것이다. 생각해보면 어린 시절에 우리는 정말 두려움이 없었고 망설이지 않았으며 자신감 있었다. 그게 다른 사람이 아니라 원래 나였던 것이다. 그런데 어른이 되어 가면서 그 자신감이 자꾸자꾸 현실 앞에 묻히는 것이다. 우리는 사권유 훈련을 통하여 다시금 그때의 느낌을 떠올릴 수 있고 그때의 힘을 얻을 수 있다. 정말 어린 시절에는 다 발가벗고 같이 놀았었다. 엉망진창, 좌충우돌 했지만 재미있었다. 그러한 동질감이 우리를 앞으로 협력하게 할 것이고 우리 소망을 이루는 데 큰 도움이 될 것이다.

사권유 훈련 방식은 필자가 데일 카네기에게서 배우고 또 많은 사람과 적용을 해서 검증받은 스토리텔링 훈련법으로 상당히 파워풀하다. 필자는 그 기법을 가지고 우리의 잠재의식을 깨우고 오늘을 사는 나에게 힘을 주는 자기계발 방법론으로 활용한 것이다. 사권유 공식은 자신의 잠재의식과 잠재 능력을 끌어내고 자신을 알아가는 데 탁월한 기법이다. 사권유 공식을 잘 사용하고 활용해보기 바란다. 사권유 공식은 실전에 활용하기 위해 하는 것이다. 따라서 사권유 공식은 자꾸 부딪히며 연습해 보고 또 실습까지 해보는 단계를 거쳐야 한다. 문 안이 아닌 문 밖의 실전에서 할 수 있을 때 비로소 내 것이 된 것임을 알아야 한다. 사권유 공식이 나의 능력이 되었을 때 우리는 많은 사람 앞에서 나의 잠재된 능력을 발굴해 내어 재미와 감동, 그리고 영향력 있는 커뮤니케이션을 할 수 있게 될 것이다.

사권유는 말 그대로 사건, 권유, 유익으로 마무리를 하는 것이다. 사건은 나의 사건 내가 경험한 나의 어린 시절의 추억이다. 나의 이야기를 내가 내 입으로 말함으로 나 자신의 잠재력을 다시금 깨우고 내 안에 있는 능력들을 노크하는 효과가 있다. 권유는 뭘까? "우리 앞에 전봇대라는 장애물이 우리 앞을 가로막고 있다 할지라도 포기하지 말고 앞으로 또 나아가세요"라고 말하는 것이다. 그리고 "보조 바퀴를 떼면 두발자전거로 내가 원하는 방향을 향해 더 자유롭게 힘있게 나아갈 수가 있습니다"라고 유익을 이야기하는 것이다. 이것이 잠재의식을 쓰게 하는 잠재된 능력을 사용하게 하는 사권유 공식이다.

능력 폭발

05

상상력이 현실을 바꾼다
상상과 언어의 힘으로 삶을 설계하기

지구상의 모든 동물 중 오직 인간만이 상상을 하는 능력을 가지고 있다. 상상이란 모두가 알고 있듯 실제로 존재하지 않는 것을 머릿속에서 생각하는 것이다. 상상(想像)은 생각 상(想)과 형상 상(像)자가 합성된 말로 생각으로 어떤 형상을 떠올리는 것을 말한다. 인간은 이러한 상상력을 활용하여 각종 문화와 신화, 전설 등을 만들어냈고 예술·문학 작품을 창조했으며 오늘날의 위대한 인간 문명을 이루어내었다.

주변을 둘러보자. 지금 존재하고 있는 공간, 벽체와 창문과 바닥, 이 모든 것들은 누군가가 처음 상상을 한 결과물이다. 건물주나 설계자 등이 이렇게 생긴 공간에 이런 구조로 만들겠다고 상상하고 지었기에 우리가 이 공간에 존재할 수 있게 된 것이다. 지금 입고 있는 옷을 보라. 이런 색상, 이런 소재, 이런 모양과 단추 등 이 모든 것들은 최초로 이 옷과 소재에 대해 상상한 사람이 있었기에 지금 현재 우리 앞에 존재하고 있는 것이다.

우리의 삶과 공간은 모두 최초로 상상한 누군가가 있었기에 존재하게 된 것이다. 이 말은 역으로 '상상하지 않았으면 존재하지 않았다'는 말이기도 하다. 나의 인생, 나의 시간. 언제까지 누군가의 상상 속의 결과물에 구속된 삶을 살 것인가? 나의 미래 나의 시간을 내가 계획하고 주도한 삶으로 만들어 가야 하지 않을까? 우리가 상상해야 하는 가장 확실한 이유다.

자꾸자꾸 상상하고 끊임없이 상상을 말로 표현해야 한다. 그래야 그것이 나의 것으로 존재되어 지는 것이고 나의 것이 될 수 있는 것이다. 생각해 보면 그 어떤 동물도 현재를 살지 미래를 상상하며 살지는 않는다. 가령 우리 집 강아지가 '나는 3년 후에 2층 강아지 집에서 새끼 세 마리를 낳고 행복하게 살아야지' 하며 상상하지 않는다는 것이다. 사람 이외의 생물들은 배고프면 먹고 졸리면 자고 두려우면 피하고… 오직 현실만을 살 뿐이다. 하지만 인간에게는 시간과 공간을 초월해서 상상할 수 있는 능력이 있다. 신이 우리에게 이 능력을 주었는데 왜 사용하지 않는가?

지금 처한 당신의 현실을 바꾸고 싶은가? 아마도 자신의 현실에 만족하며 사는 사람은 극히 드물 것이다. 인간은 본능적으로 모든

능력 폭발

사물이나 타인과 비교를 하며, 욕심의 끝은 존재하지 않기 때문이다. 오너 드라이버를 꿈꾸다가 자동차가 생기면 더 좋은 차를 갖고 싶게 되고, 집이 없었을 때는 집 장만이 꿈이지만 집을 갖게 되면 더 좋을 집을 갖고 싶은 것이 우리의 마음이다. 평사원은 대리가 되고 싶고 대리는 과장이 되고 싶으며 과장은 부장이 되고 싶은 것이 인간이다.

이러한 꿈을 이루기 위해서는 현실의 자신으로는 불가능하다. 더욱 노력해야 하고 변화를 이끌어내야 한다. 하지만 그 노력은 쉽지 않으며 변화는 더욱 힘들다. 그래서 우리의 현실은 쉽게 바뀌지 않는다. 마음은 변화를 꿈꾸지만 현실은 꿈쩍도 하지 않는 벽처럼 느껴진다. 이러할 때 필요한 것이 바로 상상이다. 왜냐하면 상상력이 현실을 바꾸는 힘을 줄 수 있기 때문이다. 그렇다면 상상력은 어떻게 현실을 바꿀 수 있을까?

상상은 실제로 존재하지 않는 것을 머릿속에서 생각해내는 것이라고 했다. 현실에 존재하지 않는 것을 생각하는 것이므로 상상은 현실적 제약을 넘는 힘을 제공해준다. 또 현실에 존재하지 않는 것을 생각해야 하므로 상상은 새로운 아이디어와 가능성을 탐구하고 창조하는 능력을 제공해준다. 그런 점에서 상상력은 새로운 아이디어와 혁신을 창출하는 원동력이 될 수 있다.

현대문명을 일궈낸 대부분의 예술 작품과 과학 법칙들이 처음에는 상상에서 출발하였다. 뉴턴은 나무에서 떨어지는 사과를 보며 만유인력을 상상했고 실제 그것을 과학의 법칙으로 증명해내었다. 20세기 최고의 과학자로 불리는 아인슈타인은 지식보다 위대한 것이 상상력이라고 했다.

생각만 하는 사람을 공상가라고 한다. 공상은 현실적이지 못하거나 실현될 가망이 없는 것을 생각하는 것, 그리고 이루기 위한 노력이 전혀 없는 것으로 상상과는 차이가 있다. 상상력은 상상하는 사람에게 주어지는 능력이다. 실제로 경험하지 않은 현상이나 사물에 대하여 마음 속으로 그려보는 힘을 상상력이라고 하는데, 상상력은 문제를 해결하는 능력을 제공해준다. 상상력이 강한 사람들은 아무리 어려운 문제라 하더라도 다시 그 문제를 해결할 방법을 상상하며 결국 해결책을 찾아낸다.

상상력은 또한 자신의 목표를 이루는 데 있어서도 중요한 역할을 한다. 자신이 이루고자 하는 목표나 꿈을 상상할 때 가슴이 뛰는 경험을 하게 된다. 작가가 되고 싶은 사람이 작가가 되는 상상을 한다고 생각해 보라. 그의 가슴은 쿵쾅거릴 것이며 당장 꿈을 이루기 위한 행동에 나서게 될 것이다. 꿈을 이루기 위한 목표를 설정하고 계획을 세우며 실천에 나설 것이다. 이러한 행동을 이끌어낸 원동력은 바로 상상이었음을 잊지 말라.

상상은 이와 같은 방법으로 자신에게 내적 동기를 부여하고, 창조력과 문제해결력을 통하여 자기 혁신을 촉진시켜 준다. 이런 원리로 상상력이 현실을 바꾸게 되는 것이다. 그러니 지금 자신을 바꾸고 싶다면 당당 자신의 꿈을 상상하라. 그리고 상상한 것을 생각에 머물지 말고 말로 표현하라. 이렇게 상상하고 언어의 힘으로 자신의 삶을 설계해 나갈 때 비로소 당신의 삶은 변화하기 시작할 것이다.

06

자기 암시와 자기 확신
나는 날마다 모든 면에서 점점 더 좋아지고 있다

지금까지 자신을 믿는 것이 얼마나 중요한지에 대해 이야기했다. 자신을 믿는 것을 자기 확신이라고 하며 이것은 자기 암시(自己暗示, Self-Suggestion)로 현실화할 수 있다. 암시(暗示)란 어두운(暗) 가운데서 본다(示)는 뜻으로 명확히 드러내지 않으면서 넌지시 알려주는 행위를 뜻한다.

그러므로 자기 암시란 이와 같은 암시의 원리를 바탕으로 자신에게 긍정적인 생각이나 메시지를 반복적으로 전달하는 기법을 뜻한다. 이러한 자기 암시는 자신의 몸을 변화시키는 데 도움을 줄 뿐 아니라 감정이나 행동, 사고방식을 변화시키는 데에도 도움을 준다. 나아가 무의식적으로 마음에 영향을 주어 특정한 결과나 변화를 이끌어내는 데에도 도움을 준다.

자기 암시가 정말 효과가 있는지에 대한 연구는 무수히 진행되어왔다. 예를 들어 이미지트레이닝을 들 수 있는데, 이는 실제 운동을 하지 않지만 운동하는 상황을 상상하며 훈련함으로써 능력을 증진시키는 훈련법이다. 놀라운 것은 이미지트레이닝 방법으로 실제 운동을 하지 않았음에도 24%의 체력증진 효과가 나왔다는 사실이다.* 이러한 자기 암시는 질병에도 적용할 수 있는데, 실제 말기암 진단을 받은 사람이 신약의 효과를 믿고 '나는 나을 것이다'라는 자기 암시의 결과 병세가 급격하게 호전되었다는 사례도 있다.**

　자기 암시가 자신의 몸에 이처럼 놀라운 결과를 나타낼 수 있는 것은 자기 암시를 주는 순간 뇌가 반응하고 각종 유익한 물질이 분비되면서 몸이 반응하기 때문이라고 할 수 있다. 이것은 믿음의 원리와 비슷한 방식으로 작동한다. 따라서 자기 암시는 자신의 몸뿐만 아니라 감정, 생각, 행동, 언어의 변화에도 도움을 줄 수 있다. 나아가 자신의 외부 상황을 변화시키는 데에도 도움을 받을 수 있다. 그렇다면 자기 암시가 어떻게 외부 상황을 변화시키는 데에도 도움을 줄 수 있을까? 그 비밀은 양자역학의 원리에서 찾을 수 있다.

---

*　캐나다 비숍 대학의 2007년 발표논문참조 'Mind over matter: Mental Training Increases Physical Strength'

**　1957년 크레비오젠(krebiozen) 투약효과 사례 참조

양자역학은 입자의 최소단위인 원자나 전자의 미시세계에서 일어나는 현상을 다루는 학문이다. 양자란 더 이상 나눌 수 없는 에너지의 최소량 단위를 뜻하는 물리학 용어다. 따라서 양자역학은 또한 눈에 보이지 않는 미시입자와 파동을 연구하는 물리학이라고 할 수 있다. 양자역학은 이전의 물리학을 고전물리학으로 만들 만큼 세상을 바꾼 과학의 혁명으로 떠오른 과학의 분야이기도 하다. 양자역학으로 인해 반도체의 특성이 규명되면서 오늘날 없어서는 안 될 컴퓨터, 휴대전화 등을 만들 수 있는 기술적 토대를 제공하기도 했다.

양자역학의 위대한 발견 중 하나는 우리가 분명히 물질로 알고 있는 미시입자가 관찰하지 않는 순간 파동으로 바뀐다는 사실이다. 예를 들어 전자는 관찰할 때는 분명 입자이지만 관찰하지 않는 순간 파동으로 변한다. 입자는 질량을 가지는 물질이지만 파동은 질량을 가지지 않으므로 물질이라고 할 수 없다. 이처럼 한 입자가 물질과 파동성 두 가지 성질을 동시에 가지고 있다는 사실은 기존 과학의 한계를 깨버린 위대한 발견이다.

양자는 이러한 성질 때문에 동시성을 가질 수 있다. 동시성이란 서로 각기 다른 위치나 공간에 있으면서 똑같은 반응을 일으키는 현상을 말한다. 양자가 이러한 동시성을 가질 수 있는 까닭은 입자성만이 아니라 파동성도 가지고 있기 때문이다. 파동은 빛의 속도로 이동할 수 있다. 그런데 우주는 양자로 가득 채워져 있다는 사

실이 발견되었다. 양자역학의 이론에 의하면 나 자신은 우주 끝까지
서로 연결되어 있고 따라서 인간의 의식은 시공간을 초월하여 반응
할 수도 있다는 것이다.*

양자역학에서 이야기하는 양자얽힘(양자와 양자가 연결되는 작용) 현상
은 인간의 사고와 의식이 세상과 연결되어 있고 입자이자 파동인 양
자의 특성으로 물리적 힘을 발휘할 수도 있다는 이론인데 이런 과학
적 원리에 의해 자기 암시는 외부적으로도 내가 이루고자 하는 일
을 현실화시키는 놀라운 힘을 발휘할 수 있다는 것이다.

우리는 방송이나 언론에서 수많은 성공자들을 만난다. 그들이 가
진 공통점은 간절한 바람과 할 수 있다는 확신을 가지고 나아가는
사람들이라는 사실이다. 그들 중에는 자기 암시 기법을 활용하여 성
공에 이른 사람도 많다. 자신의 능력을 과소평가하지 않고, "나는 능
력이 많은 사람이다"라고 스스로 능력을 인정하는 말을 하면 그 능
력이 발휘되는 경우를 많이 보게 된다.

필자는 매일 아침 눈을 뜨기 전 "나는 날마다 모든 면에서 하나

---

* 펜로즈-해머로프 이론 (Orchestrated Objective Reduction, ORCH-OR): 노벨 물리학상 수상자
  로저 펜로즈(Roger Penrose)와 신경과학자 스튜어트 해머로프(Stuart Hameroff)가 제안한 이
  론으로 인간의 의식은 단순한 신경 네트워크의 작용이 아니라, 근본적으로 양자적 특성을
  갖는다는 주장 참조

님의 은혜 가운데서 점점 더 좋아지고 있다"고 말한다. 이 말을 처음 시작했을 때는 지난 겨울, 40년도 넘은 오래된 빌라 안방에서 우리 가족 5명이 모두 누워 엎치락뒤치락 하며 자다가 일어난 아침이었다. 며칠간 지속된 한파는 벌써 세번째 또다시 상수도관을 동파시켰고, 물이 안 나오니 변기를 사용하지 말라고 했건만 5살짜리 막내는 추운날 밖에 나가는 게 싫어서 변기에다 큰일을 봤던 아침이었다. 집안 가득한 냄새와 보일러를 돌려도 따스해지지 않는 오래된 집의 냉기, 그리고 손가락만한 바퀴벌레까지 함께 동거하며 살아야만 했던 나날은 필자의 인생 최악의 순간으로 기억될지도 모르겠다. 모든 것들이 암담했고 지저분했고 답답한 현실에 좋은 말을 할 수 없는 상황이었다. 그날 아침 필자는 더럽고 비참한 현실을 씻어낼 수 있는 의지의 말, "나는 날마다 모든 면에서 하나님의 은혜 가운데서 점점 더 좋아지고 있다"라는 자기 암시의 말을 시작했다.

그 이후로 필자는 매일 아침마다 눈을 뜰 때마다 단 하루도 빠짐없이 이 자기 암시의 말을 놓친 적이 없으며, 단 하루도 점점 더 좋아지지 않는 날이 없었다고 생각한다. 그 결과 지금은 쾌적한 신축 아파트로 이사를 했고, 그 당시 벌레에 물려 가려웠던 피부 발진도 없어졌으며, 비즈니스와 경제적인 모든 면에서 더 좋아졌다. 물론 앞으로 더 좋아질 것이라 믿고 있다.

때로는 자기 암시를 하면서도, 더 좋아지지 않으면 어쩌지? 더 좋

능력 폭발

아지지 않을 거 같은데?라는 생각이 들 때가 있다. 그럼에도 불구하고 나는 내 언어로 자기 암시 문구를 외치고 있다. 말 그대로 내가 나 자신을 믿어도 될까말까 하는데, 자신을 믿지 않고 무엇을 할 수 있다는 말인가? 내가 나 자신을 긍정적으로 세뇌시키는 것이 자기 암시다.

내가 나를 세뇌시키지 않으면 다른 사람에게 세뇌 당하고 만다. 그래서 우리는 우리 자신을 긍정적으로 세뇌시키기 위해 자기 암시 문구를 매일 반복해야 하는 것이다. 믿어지지 않아도, 와닿지 않아도, 때로는 겉으로 만이라도 매일마다 긍정적으로 자기 암시를 해야 한다. 그렇게 하면 나와 연관되어 있는 이 세상의 모든 양자의 에너지가 나의 능력을 쓰게 해 줄 것이다. 그리고 무엇보다 자기 암시를 듣는 내 자신이 그 소리를 듣고 그 소리를 믿고 그 소리에 반응하여 내 안의 능력을 발휘하게 할 것이다.

어렵고 힘든 일 아니니, 수시로 나 자신에게 긍정적인 자기 암시 문구를 낭독해 보자.

나는 날마다, 모든 면에서 점점 더 좋아지고 있다.
나는 내 목표를 확실히 알고 있으며, 그것을 반드시 이룬다.
나는 어떤 상황에서도 기회를 발견하고, 긍정적인 해결책을 찾아 낸다.

나는 내 꿈을 이루기에 충분한 능력을 가지고 있으며, 매일 성장하고 있다.

나는 실패를 두려워하지 않는다. 실패는 곧 성공을 향한 과정이다.

나는 내 인생을 주도적으로 이끌어가는 사람이다.

나는 매 순간 최선을 다하며, 결과를 믿고 나아간다.

나는 풍요와 성공을 끌어들이는 사람이다.

나는 건강하고 활력이 넘치며, 에너지가 가득하다.

나는 내 삶의 주인공이며, 원하는 삶을 창조할 수 있다.

능력 폭발

07

고난을 극복하는 법

선으로 악을 갚는다

쇼펜하우어는 "인생은 고난의 연속"이라고 말했다. 평온한 일상도 있지만 어떤 날은 하루를 사는 동안에도 수많은 문제가 터지기도 한다. 아무리 자기 확신과 믿음을 가지고 나아간다 하더라도 나약한 인간은 발생하는 문제 앞에 하염없이 무너질 수밖에 없다.

이러한 나약함 앞에서 인간의 본능은 부정적으로 반응하는 경향이 있다. 예를 들어 어떤 문제가 터지면 덜컥 겁이 나거나 혹시 일이 잘못되지 않을까, 하는 부정적 생각이 확 올라온다. 혹은 '나에게 왜 이런 일이 생기나', 'OOO 때문에 이런 일이 생긴 거야!' 하면서 분노를 일으키기도 한다.

가까운 사람으로부터 사기를 당해 자신의 전 재산을 잃어버리고 집에 빨간 딱지(압류물표목)까지 붙은 수강생 맥스(Max)는 늘 술과 분노,

한탄 속에 살아갔다. 그놈 때문에 자신의 인생이 망가졌다는 분노와 어이없이 사기를 당한 자신에 대한 자책이 뒤엉키면서 나타나는 현상이다. 맥스는 지금도 과거의 분노에서 빠져나오지 못한 채 사기꾼과 법정 싸움을 하고 있지만 사기 맞은 돈을 돌려받을 가능성은 거의 없다. 사람들은 대개 악한 일을 당하면 그 악과 싸워 이기려고 한다. 그러나 악을 이기기 위해서는 내가 악마가 될 수밖에 없다. 그래서 내용증명도 보내 보고 소송도 걸어보지만 작정하고 덤벼드는 악한 상대를 이길 수가 없다. 내가 그 악인보다 더 나쁜 악마가 되어야 하지만 그랬다면 애시당초 그에게 당하지도 않았을 것이다.

니체는 『선악의 저편』에서 "괴물과 싸우는 사람은 스스로 괴물이 되지 않도록 조심해야 한다. 당신이 그 심연을 오랫동안 들여다본다면 심연 또한 당신을 들여다 볼 것이다"라는 명문장을 남겼다. 악마와 싸우다 내가 악마가 된다는 사실을 깨달아야 한다. 그것은 나에게도 상대에게도 전혀 도움이 되지 않는다. 왜냐하면 악과 악의 싸움은 악순환을 만들 뿐이기 때문이다. 차라리 니체의 말처럼 감정적 흥분 상태를 가라앉히고 자신의 심연을 들여다 볼 필요가 있다. 오히려 거기에서 문제해결의 실마리를 발견할 가능성이 훨씬 높다.

악과 싸우는 문제에 대하여 성경에서는 "선으로 악을 이기라"고 말씀한다. 어떻게 선으로 악을 이길 수 있을까? 여기서 말하는 선이란 무엇이며 또 악이란 무엇일까? 선과 악에 대한 본질적 이야기를

능력 폭발

하면 관념적, 추상적으로 흐를 수밖에 없다. 좀 더 현실적 사고로 이 야기하면 선이란 긍정적 상태, 악이란 부정적 상태로 요약할 수 있다. 분노, 미움, 두려움, 불안… 등과 같은 상태는 부정적 상태이고 사랑, 이해, 기쁨, 희망, 평안… 등은 긍정적 상태다. 따라서 선으로 악을 이기는 방법은 분노를 분노로 이기려 하기보다 분노를 이해로 이기려 하는 것이 곧 선으로 악을 이기는 방법이 될 수 있을 것이다. 대개 악으로 악을 이기려 하다 보면 혹 이기더라도 상처뿐인 영광밖에 남지 않는 경우가 태반이다. 하지만 선으로 악을 이기면 한 단계 성장하는 자신을 발견하게 된다. 따라서 어떤 부정적 문제 앞에 맞닥뜨렸을 때 가능한 긍정적 감정으로 해결 방법을 찾기 위해 노력해야 한다.

우리 수강생 중에 닉네임 제이미(Jamie) 원장님이 있다. 작년 4월 경이었는데 오랜만에 전화가 왔다. "제가 지금 수원역 앞에서 ○○○를 잡으려고 모퉁이에 몸을 숨기고 잠복하고 있는데 너무 속상해서 전화했어요. 이번에 ○○○ 절대로 가만 두지 않을 거예요. 내가 이번에 이놈을 지구끝이라도 쫓아가서 꼭 콩밥먹게 만들 거예요!" 많이 격앙된 목소리와 마음의 온도가 전화기 너머까지 생생하게 느껴졌다. ○○○는 필자도 꽤 구체적으로 기억나는 수강생이다. 제이미 원장님과 교육 프로그램을 준비하는 인터뷰를 할 때, 성품이 너무 착해서 매장에서 궂은 일을 도맡아서 하는 아이라고, 여성들 많은 헤어샵에서 남자아이 혼자 기도 못펴고 고생하는 아이라서 더 애틋한 마음이 든다고, 꼭 교육을 통해 성장시켜 달라고 언급을 했던 친구였다. 그런데 그 친구를 잡으러 수원역 앞에서 잠복해 있다니! 이게 무슨 말인가?

얘기를 들어보니, 어느날 갑자기 결근하고 연락이 안 되어 회사에서 마련해 준 기숙사 아파트를 찾아가보니 집은 완전 돼지우리처럼 난장판이 되어 있고, 매장에서 판매하는 제품들을 하나둘 훔쳐서 사용하다만 흔적들이 널부러져 있었다고 한다. 그리고 충격적인 것은 다른 여직원의 옷가지들이 있었다는 것이다. 거주할 곳이 없다고 해서 보증금에 월세까지 내주면서 기숙사를 마련해 주고, 돈이 필요하다고 하면 월급을 가불해 주기도 했는데, 기숙사를 난장판으로 만들고 여직원의 마음까지 농락한 현장을 보게 된 것이다. 그리고 여직원들에게 돈까지 빌려서 도주한 것이었다. 은혜를 원수로 갚아도 이럴 수는 없는 것이었다. 게다가 전화를 하니, 자신을 못찾을 거라고 연락하지 말라고 뻔뻔스럽게 얘기하는 것을 보며 피가 거꾸로 솟는다는 이야기였다.

필자가 강의할 때 본 모습도 마냥 어수룩하고 순수한 사람이었는데, 그런 얘기를 들으니 내 마음까지 쿵쾅거렸다. 제이미 원장님은 사업장도 뒤로 하고 흥신소까지 동원해서 ○○○를 잡겠다고 찾아다니고 있는 것이었다. 양의 탈을 쓴 악마가 따로 있을까? 사람의 선의를 배신하는 행위가 얼마나 잔인하고 무서운 일인데, 어떻게 그럴 수 있

능력 폭발

을까? 필자도 제이미 원장님의 마음이 공감되어 한참을 통화했던 기억이 있다.

한달 정도 지난 후에 제이미 원장님에게 또 연락이 왔다. 그 놈을 잡았고 역시나 가진 것 하나 없이 또 거주지도 없이 떠돌이 삶을 살고 있더라고 했다. 그 친구는 어떻게 되었을까? 원장님은 그 친구를 처벌하는 대신에 용서하기로 결단했다고 했다. 원장님은 "악마를 처벌하려 하니 내가 더 나쁜 악마가 되어야겠더라고요. 시간들이고 돈 들여서 잡으려고 다녀봤는데, 그럴수록 더욱 마음이 피폐해지고 건강이 안 좋아지고 결정적으로 나를 믿고 따르는 다른 직원들에게까지 마음을 안 주고 있더라고요. 그래서 저는 선으로 악을 갚기로 결정했습니다. 아직 마음으로까지 용서가 되는 것은 아니지만 용서하겠다고 말로 표현하는 것입니다. 그래도 그러고 나니 내가 더 이상 ○○○ 때문에 내 소중한 시간을 뺏기지 않고, 직원들과의 벽은 더이상 생기지 않고, 나도 망가지지 않더라고요."

필자는 그 전부터 제이미 원장님을 존경했지만, 이번을 계기로 진정 탁월한 리더라 말하지 않을 수 없었다. 대다수의 사람들은 자신에게 해를 끼친 사람을 용서하지 못하고 미움과 증오로 자신까지 망가져간다. 하지만 기억하기 바란다. 우리는 그렇게 살지 않겠다고 결정할 수 있는 능력이 있다는 것을! 동물과 다르게 오직 인간만이 나를 해한 사람을 용서할 수 있고, 내게 다가온 재앙 속에서 감사할 수 있는 능력이 있다는 것을! 나에게 그 능력이 있는데, 그렇게 결정할 수 있는 결정권이 있는데, 왜 그 능력을 사용하지 않는가?

제이미 원장님 소식을 마지막으로 전하겠다. 공교롭게도 거진 1년이 지나서 어제 또 연락이 왔다. 기존 사업장 근처에 좋은 자리가 나서 정말 맘에 드는 친구들과 2호점을 2월에 오픈한다고, 그 때 와서 직원들 협력을 위한 강의를 해줄 수 있겠느냐고. 나는 당연히 가서 누구보다 기쁜 마음으로 응원해 드리겠다고 했다.

제이미 원장님과 함께 하는 직원들의 얼굴이 상상이 간다. 눈빛과 목소리를 상상해 본다. 선으로 악을 갚아 버리는 탁월한 리더 옆에 어떤 협력자들이 모일지 기대가 생긴다.

능력 폭발

08

감사하는 법

아침에 눈뜨며 하루를 얻은 것에 대해 감사하기

　사람들은 대개 이기적이며 부정적인 경향이 있다. 필자도 직장생활을 할 때, 9시 업무시간 직전인 8시 59분에 허겁지겁 출근하는 경우가 허다했고, '저걸 내가 왜 해! 내 일도 아닌데…!' 라는 피동적인 생각으로 회사를 다녔던 기억이 있다. 이것이 많은 사람이 가진 한계다. 하지만 이런 한계 속에 사는 사람은 절대 성장할 수 없다. 리더의 그릇이 되기 힘들다. 결국 회사에서도 계속 승진하고 성과를 내는 사람들은 회사의 상황을 긍정적으로 받아들이며 더 열심히 일하는 사람들이다. 그들은 계속하여 성장을 거듭하므로 성과도 내고 승진도 할 수 있는 것이다.

　그렇다면 부정적 상황을 극복하고 긍정적 상황으로 전환시키는 방법에는 어떤 것이 있을까? 여러 가지가 있겠지만 가장 효과적인 방법은 바로 '감사하는 것'이다. 감사란 고맙게 여기는 마음을 뜻한다. 사람은 대개 자신에게 좋거나 유익한 일을 베푼 사람에게 감사한 마음을 갖게 된다. 반대로 자신에게 해가 되거나 무익한 일을 한 사람에게 감사한 마음을 갖는 사람은 없다. 따라서 감사는 선택적으로 일어나는 감정이라고 할 수 있다.

그런데 우리 주변에는 나에게 부정적인 일이 생겼을 때 오히려 감사하는 사람들이 있다. 예를 들어 자신이 하던 일이 망했을 때 대부분 절망하지만 어떤 사람은 '다시 처음부터 시작할 수 있게 되어 다행이야', '비온 뒤에 땅이 굳는다고 했잖아' 등의 생각으로 오히려 지금 닥친 고난에 절망하지 않고 감사하는 마음으로 나아가는 것이다.

성공한 사람들의 스토리를 들어보면 실패를 경험하지 않은 사람은 거의 없다. 그들은 실패 앞에서 오히려 감사하며 나아갔고 결국 성공을 이뤄내었다.

좋은 상황에서 감사하는 것은 쉽다. 그것은 좋은 것에 대한 본능적 반응이므로 당연한 결과다. 하지만 좋지 않은 일에 감사하는 것은 엄청난 에너지의 전환을 이룬다. 좋지 않은 일은 부정적 에너지이지만 감사는 긍정적 에너지이기 때문이다. 좋지 않은 일에 감사하는 것은 부정적 에너지를 긍정적 에너지로 바꾸는 것이기 때문에 엄청난 에너지를 필요로 한다. 그러나 힘들긴 하지만 이 에너지를 사용하게 되면 상황의 반전이 일어난다. 부정 에너지를 긍정 에너지로

능력 폭발

바꾸기 때문이다.

대개 좋지 않은 상황은 부정적 에너지의 기운으로 우리에게 다가온다. 이때 내가 부정적 감정으로 반응하면 비슷한 것끼리 끌어당기는 법칙에 의해 부정적 에너지의 기운이 더욱 커진다. 하지만 감사의 긍정 에너지로 반응하면 반대되는 것을 밀어내는 자연법칙에 의해 다가오던 부정적 에너지가 멈칫 하게 된다. 그리고 계속하여 감사의 긍정적 에너지로 맞받아치면 결국 부정적 에너지는 나로부터 점점 멀어지게 된다. 이것이 바로 감사가 나타내는 힘이다.

따라서 감사는 많이 할수록 좋다. 자연에서는 아무리 좋은 것도 과잉되면 안 좋은 것으로 변하는 성질이 있지만 감사는 예외다. 감사는 많이 하면 많이 할수록 좋다. 그만큼 인간의 주변에 부정적 에너지가 많이 흐르고 있기 때문이다. 만약 아무런 제어도 가하지 않는다면 하루 종일 부정적 생각을 하게 되는 것이 인간이다. 이에 대하여 뇌과학자들은 뇌의 구조가 그렇게 설계되어 있기 때문이라고 분석하기도 한다. 이 때문에 우리는 부정적 에너지로 거의 덮혀 있는 세상에서 산다고 해도 과언이 아니다. 그래서 감사를 많이 하는 것이 중요하다. 이런 부정적 세상 속에서 감사를 많이 하면 할수록 부정적 에너지를 물리칠 수 있기 때문이다.

그렇다면 어떻게 감사하는 생활을 해야 할까? 일단 감사는 크게 세 가지로 나눌 수 있다.

1. 좋은 일에 감사
2. 일상적 생활에서 감사
3. 안 좋은 일에도 감사

좋은 일에 감사하는 것은 그리 어렵지 않을 것이다. 하지만 좋은 일에도 감사하지 않는 사람도 있다. 만약 좋은 일에도 감사하지 않는다면 더욱 조심해야 한다. 그래야 교만으로 빠지지 않을 수 있고 좋은 일 다음에 넘어지는 일이 생기지 않는다. 좋은 일이 있다면 반드시 감사하는 마음을 가져야 한다.

일상적인 일에도 감사를 해야 하는데 이것은 그리 쉽지만은 않다. 당연한 일이라는 생각하기 때문이다. 이 세상에 당연한 것은 하나도 없는데 말이다. 우리는 엄청나게 좋은 일이 있어야만 감사를 하고 일상적인 일은 당연하다고 생각하지만 숨을 쉬는 것조차 당연한 것이 아니라는 것을 깨달아야 한다. 나쁜 일이 생기지 않은 것, 일상적으로 생활할 수 있는 것 자체가 얼마나 큰일이고 감사한 일인지 깨달으며 하루하루를 감사하며 살아야 한다. 일상적인 일에 감사하는 방법은 많다. 일단 아침에 눈 떴을 때 나에게 또 하루가 주어진 것에 대하여 감사해야 한다. 그리고 호흡할 수 있는 것도, 햇볕이 내리쬐는 것도, 걸어다닐 수 있다는 것도 감사해야 한다. 생각해 보라. 세

능력 폭발

상에 공짜가 있는가? 이 세상의 모든 이치는 자신의 에너지나 노력, 돈 등의 댓가를 지불해야 얻어지는 것이 대전제다. 무엇이든 심어야 거두는 것이 원칙이다. 그런데 태양이 뜨는 데 있어 나 자신은 어떤 댓가를 지불했는가? 맑은 공기를 마시고 이산산화탄소를 내뿜는데 어떤 노력을 했는가? 나에게 따스한 빛이 내리쬐고 시원한 비가 내려주는 데 어떤 수고를 했단 말인가? 만약에 이 모든 것들을 돈을 지불하고 누려야 한다면 우린 얼마나 많은 비용을 지불해야 할까?

정말 기적같이, 그리고 감사하게도 우리는 어떤 노력도 하지 않았음에도 이 막대한 혜택과 축복을 누리며 살아가고 있다. 애쓰지 않았는데 거져 받았다면 무엇을 해야 할까? 그렇다! 자신이 누리고 있는 모든 일상적 생활에서 감사를 해야 하는 것이다. 감사는 도리인 것이다!

좋지 않은 일에도 감사를 한다는 것은 참으로 어려운 일이다. 이것은 감사 훈련이 되어 있는 사람만이 할 수 있는 것이다. 쉽지 않고 아무나 할 수 있는 것은 아니지만 그래도 감사해야 하는 것은 이것이 내가 변화할 수 있는 절호의 기회이기 때문이다. 나쁜 일이라 해서 부정적 감정으로 반응하면 그것은 악순환을 일으킬 뿐이다. 안 좋은 일은 비록 나를 힘들게 하지만 이것은 또한 내가 변화할 수 있는 최고의 기회이기도 하다. 따라서 안 좋은 일에도 감사해 보라. 그러면 그 감사 에너지는 부정적 에너지를 물리치고 부정적 상황을 바꾸는 힘으로 움직일 것이다.

　필자는 음해를 받고 내가 사랑하는 조직과 사람들을 떠나야 했던 가슴 아픈 경험이 있다. 하지만 이제는 그것도 감사하게 생각한다. 그때의 경험이 필자를 홀로 서게 하는 계기를 마련하게 해주었고, 지금의 마스터마인드를 있게 했기 때문이다. 그리고 사기를 당해서 모은 재산을 다 날리고 어머니의 집까지 저당잡혀 대출 받아야 하는 일도 있었지만 이제는 그것도 감사하게 생각한다. 그 경험을 통해 세상을 분별하는 지혜를 얻었고 누군가의 실패를 가슴으로 이해하는 더 큰그릇이 될 수 있었기 때문이다. 극한의 상황에서 극한의 능력을 발견할 수 있었고, 그럼에도 불구하고 함께해준 진정한 협력자를 만날 수 있었으니 말이다.

매일 감사할 일
3가지 이상 적기

1. 좋은 일에 감사하기

2. 일상 생활에서 감사하기

_____

_____

_____

_____

_____

_____

_____

3. 좋지 않은 일에도 감사하기

_____

_____

_____

_____

_____

_____

_____

_____

Part 3

최상의 나 자신으로
성장하기

꿈은 이루어진다

09

진정한 꿈
꿈을 크게 가져라

필자가 강연할 때 항상 물어보는 것이 있다. "만약 당신에게 100억이 생긴다면 무엇을 하고 싶은가?" 이 질문을 하면 대부분 "건물을 살 거예요", "집을 살 거예요", "사업을 할 거예요", "지금의 회사를 키우는 데 사용할 거예요"라고 대답한다. 그런데 만약 1조가 생기면 무엇을 하고 싶냐고 물으면 달라진다. 거의 대다수가 자신의 이야기를 넘어 지구촌 차원이나 인류를 위한 계획을 이야기한다. 1조가 있을 때 그냥 나만 잘 먹고 잘 살기 위해서 무엇을 하겠다고 말하는 사람은 단 한 명도 없었다. 다른 사람을 돕고 싶다는 이야기를 주로 한다. 왜 이런 현상이 나타나는 걸까?

인간에게는 양심이라는 것이 있다. 양심이란 욕심과 대비되는 것으로 양심에는 나와 남을 구분 짓지 않고 일체감으로 생각하는 무엇이 있다. 그래서 다른 사람이 눈물을 흘리면 나도 슬퍼지는 것이다. 인간은 자기중심성이 있기 때문에 욕심이 어느 정도 채워지고 나면 그때 양심이 발동한다. 욕심은 생존과 관련이 있고 양심은 공존과 관련이 있기 때문이다. 그래서 많은 돈을 버는 사람들은 이미 자신의 욕심이 채워졌으므로 양심이 발동하여 기부도 더 많이 하게 되는 것이다.

100억이라는 돈 앞에서는 일단 내 생존 욕구가 앞서므로 내 욕심을 채울 생각을 먼저 하게 된다. 하지만 1조라는 돈은 이미 내 생존 본능이 채워지고도 남을 만큼 큰돈이므로 양심이 발동하여 나를 위한 게 아니라 이 세상을 위한 일, 인류를 위한 일을 생각하게 되는 것이다.

필자는 자신의 욕심 차원을 넘어선 양심이 바라는 그 꿈이 진짜 우리의 꿈이라고 생각한다. 우리는 대개 꿈이라 하면 자신의 욕구와 관련된 그 무엇이라 생각하지만, 사실 그것은 생존 본능이 만들어낸 목표물이지 진짜 꿈은 아닐 수 있다. 생존 본능으로부터 자유로워지면 그때서야 진짜 나의 꿈이 드러나며, 그것이 사실은 진짜 내 속에 내재된 나의 꿈인 것이다. 그런 점에서 세상의 모든 사람은 본질적으로 남을 위해, 세상을 위해, 더 나은 인류의 미래를 위해 자신의 능력을 쓰고 싶은 욕구가 있다고 할 수 있다.

만약 꿈을 갖고 싶다면 당장 먹고 사는 것과 관련된 꿈에 머물지

능력 폭발

않기를 바란다. 먹고 사는 꿈에만 머물면 먹고 살 능력밖에 나오는 않는다. 이것은 매우 중요한 부분이다. 더 큰 차원의 꿈을 꾸기 바란다.

성공학의 대가 나폴레온 힐이 만난 507명의 세계적인 리더들은 자기 혼자 잘 먹고 잘 살기 위해서 일한 사람들이 아니다. 그들은 하나같이 자신의 것을 가지고 세상의 더 많은 사람을 위해 무엇을 하겠다라는 가치가 있었기 때문에 포기하지 않고 도전할 수 있었던 것이다. 헨리 포드는 그렇게 하여 자동차를 대중화시켰고 결과적으로 억만장자가 됐다. 재미 있는 것은 헨리 포드의 별명이 '실패의 대명사'였다는 사실이다. 손만 대면 망한다고 해서 붙여진 별명이다. 헨리포드는 망하고 또 망하다가 토마스 에디슨을 만나면서 비로소 성장의 기회를 만날 수 있었다. 에디슨은 발명가로서 창의력과 상상력이 좋은 사람이었기에 포드에게 기발한 아이디어를 제공해 줄 수 있었다. 옛날에는 자동차를 하나 만들려면 기차를 만드는 만큼 비용이 많이 들고 시간도 많이 소요되었다. 나사 하나하나 모든 과정을 수작업으로 해야 했기 때문이다. 헨리포드는 창의적인 에디슨과 함께하며 대량생산자동화과정(컨베이어벨트시스템)이라는 획기적인 방안을 생각해 낼 수 있었다. 결국 헨리포드는 자동차를 대량생산시키는 데 성공을 했고 당대 수많은 사람에게 자가용이라는 문명의 이기를 선물해 줌으로 더욱 편하고 빠르게 이동할 수 있는 시대를 열어주었고 '자동차 왕'이라는 별명을 얻게 된 것이다.

헨리 포드의 이야기에서 '그는 그렇게 많이 실패하고 고통을 겪으면서도 왜 포기하지 않았을까?' 하는 생각이 든다. 아마도 '언젠가는 자동차 시대가 열릴 것이다. 모두가 마차를 타고 다니지만 분명자동차의 시대는 다가올 것이고 나는 그 때에 세상 사람들에게 더편리하고 경제성 있는 자동차를 소유하게 해주겠다'는 신념이 있었기 때문에 끝까지 도전한 게 아닐까 싶다. 우리도 마찬가지다. 만약나에게 1조가 있으면 그때 기분이 어떨까, 상상해 보라. 아마도 마음이 넓어지고 꿈이 커질 것이다. 그 꿈에 따라 내 힘도 넓어지고 내잠재 능력도 제한이 없어진다. 이 때문에 꿈을 꾸려면 최대한 큰 꿈을 꾸라고 이야기하는 것이다.

필자는 마스터마인드협회를 통하여 2042년까지 101조 클럽을 만들겠다는 꼭 이루고 싶은 꿈이 있다. 101조 클럽의 의미는 바로 101명의 억만장자를 마스터마인드협회를 통해 배출시키겠다는 것이다. 왜 100조가 아니라 101조냐 하면 101번째 억만장자는 나 자신이 될것이기 때문이다. 100명의 억만장자를 탄생시키면 당연히 필자도 억만장지가 될 수 있다고 믿는다.

필자가 이런 꿈을 갖고 보니 깨닫게 된 부분이 하나 있다. 내 능력을 가지고 내가 억만장자가 될 생각을 하니 그 치열함에 온몸에 힘이 꽉 들어가고 숨이 확 막히는데, 내 능력을 가지고 다른 사람을 성공시킬 생각을 하니 차원이 다른 훨씬 더 강한 힘이 생기고 설레이는 즐거움으로 다가온다는 것이다. 나의 능력을 가지고 다른 사람을 성공시키자! 그러면 타인뿐 아니라 나 자신을 성공시키는 잠재돼 있던 능력을 기적처럼 발견하는 경험을 할 것이다.

이러한 필자의 꿈에 대해 힘들고 어려운데 적당히 살지, 왜 고생을 사서 하냐고 걱정하는 이도 있을 것이고, 허황된 꿈이라며 비웃는 이도 있을 것이다. 하지만 능력은 꿈의 크기만큼 나오는 것이기에 필자는 조금이라도 더 큰 꿈을 꾸는 것이다. 큰 꿈의 크기만큼 큰 잠재 능력이 나올 수 있다. 그리고 필자에게는 이 꿈을 이룰 수 있는 방법이 있다.

10

정확한 목표와 신념
포기하지 않으면 이루어진다

진짜 꿈을 이룰 수 있는 방법이 무엇일까?

당신이 오늘 잠자리에 들면 꿈에 지니가 나올 것이다. 알라딘의 요술램프에 나오는 소원을 들어주는 그 지니 말이다. 지니가 나와서 당신에게 "주인님, 소원을 들어 드리겠습니다. 자, 저에게 소원 세 가지를 이야기 하십시오"라고 말하면 "나에게 1조를 주세요"라고 말하라. 그러면 지니는 "1조는 쉽죠, 꿈이 소박하시군요"라고 흔쾌히 대답한다. 그렇다면 1조의 꿈은 이루어질까? 지니는 꿈을 이룰 수 있는 능력이 있지만 안타깝게도 1조의 꿈이 이루어지지 않는다. 왜 이뤄지지 않을까?

지니는 분명 꿈을 이루어 줄 수 있는 능력이 있다. 하지만 지니는 주인을 따르는 종이기 때문에 스스로 결정을 하지는 못한다. 주인인

내가 원하는 구체적 시간을 알려주지 않았기 때문에 지니가 꿈을 들어줄 수 없었던 것이다. 1년 후인가, 10년 후인가, 아니면 내일인가, 이걸 알려줘야 하는데 그냥 1조를 달라고 했기 때문이다. 지니는 언제 1조를 줘야 하는지를 결정할 수 없다. 그것은 지니의 주인인 우리가 결정해야 하는 것이다. 좋은 주인이 결정할 때 비로소 움직이고 능력을 쓰는 것이다. 지니에게 명확하게 언제, 어떻게, 무엇을 이루어 달라고 얘기하지 않았기 때문에 지니는 소원을 이루어 줄 충분한 능력이지만 그 능력을 쓰지 못하는 것이다.

우리 안에는 누구나 지니와 같은 존재가 있다. 무엇이든 이뤄낼 수 있는 시간과 놀라운 능력과 열정과 에너지가 있다. 그럼에도 불구하고 우리의 꿈이 이루어지지 않는 이유는 구체적이고 명확한 명령이 이루어지지 않기 때문이다. 만약 건물을 갖고 싶은 꿈이 있다면 언제, 어디에 있는 건물 몇 층짜리까지 구체적 계획이 나와야 비로소 그러한 건물을 지을 수 있는 능력이 발휘되는 것이다.

구체적이고 명확한 목표 설정이 성과를 극대화시키는 데 중요하다는 연구는 에드윈 록과 게리 루덤의 목표 설정 이론*으로 입증되었다.

에드윈 록과 게리 루덤은 첫 번째 실험에서 미국 제조업 근로자 75명을 대상으로 목표 설정 방식에 따른 생산성 변화를 측정했다. 도전적인 목표(시간당 12개 조립)를 부여받은 그룹의 생산성이 87% 증가했으며, 목표가 모호하거나 지나치게 어려운 경우 성과가 낮아지는 경향이 나타났다. 그리고 두 번째 실험에서는 보험사 영업사원 108명을 대상으로 목표 설정이 영업 실적에 미치는 영향을 분석했다. 도전적인 목표(한 달 20건 계약)를 설정한 그룹의 실적이 목표가 없는 그룹보다 100% 증가했고, 보통 목표(10건 계약) 그룹도 34% 향상되었다. 이 연구는 구체적이고 도전적인 목표 설정이 동기 부여와 성과 향상에 직접적인 영향을 미친다는 사실을 증명한 연구다. 개인과

---

* Edwin A. Locke & Gary P. Latham. "A Theory of Goal Setting and Task Performance" 1990년. Prentice Hal

능력 폭발

기업 모두 목표를 명확히 정의하고, 현실적이지만 도전적인 수준으로 설정하는 것이 성과를 극대화하는 핵심 전략인 것이다.

우리 주변에서 무언가를 이뤄낸 사람들은 한결같이 명확한 신념이 있었고 목표가 있었던 사람들이다. 정주영 회장이 그랬고 이병철 회장이 그랬다. 성공한 예술가나 스포츠 선수들도 마찬가지다. 그들은 꼭 금메달을 따겠다, 세계 챔피언이 되겠다는 명확한 목표가 있었고 언제까지 하겠다는 기준이 있었다.

우리의 꿈과 목표를 이루기 위해서는 먼저 우리의 마음을 강화시켜 줄 신념 문구가 필요하다.

나에게는 훌륭한 인생을 구축할 능력이 있다.
지금은 힘들어도 참고 기다릴 것이다.
나는 절대로 단념하지 않는다.
내가 강렬하게 소망하는 것은 언젠가는 반드시 실현될 것이다.
나는 자기 암시의 위대한 힘을 믿는다.
나는 날마다 모든 면에서 점점 더 좋아지고 있다.
인생의 목표를 명확하게 할 것이다.
그 목표대로 한 걸음 한 걸음 자신 있게 전진할 것이다.
나는 진리와 정의에 따라 행동하지 않는 어떠한 성공도 절대로 오래 가지 않는다는 사실을 잘 알고 있다.

성공은 다른 사람들과의 협력을 통해서 이루어지는 것이다.

나는 다른 사람을 위해 봉사한다.

사랑을 몸에 익히고 증오와 시기, 이기심과 나쁜 마음을 버린다.

나는 경청과 공감을 통해 신뢰와 존중을 쌓으며 모든 인간관계를 긍정적으로 이끌어 가고 행복한 관계를 유지한다.

이러한 신념 문구를 잘 보이는 곳에 붙여놓고 매일 낭독해 보라. 이 문구에는 나폴레온 힐이 『놓치고 싶지 않은 나의 꿈 나의 인생』에서 제안하는 성공의 법칙 13가지가 다 들어가 있다. 문장 하나하나가 상당한 의미가 있고 또 우리 안에 내면의 힘을 강화시켜 줄 수 있는 내용들로 이루어져 있다. 이 문구를 낭독하는 것은 당신의 신념을 강화하는 데 큰 도움을 줄 수 있다. 이것을 매일 낭독하게 되면 이 신념 문구가 당신의 신념을 확고히 하고 성공으로 나아가는 데 큰 도움을 줄 것이다. 이 문구를 읽는 것이 아니라 낭독한다는 것에 주목하라. 낭독한다는 것은 생각만 하는 것이 아니라 이를 말로 표출하는 것이다.

생각은 드는 것이고 말은 하는 것이다! 생각은 들어오는 것이기 때문에 내 것이 안 될 수도 있다. 하지만 말은 내가 하는 것이기 때문에 온전히 내 것이 될 수 있다.

사람들은 생각이 중요하다고 말을 한다. 그리고 그 생각이 육체를

능력 폭발

지배하므로 좋은 생각을 해야 되고 미래를 밝게 생각해야 되고 긍정적으로 생각해야 한다고 한다. 물론 이 말은 누구도 부정할 수 없다. 하지만 생각을 긍정적으로 하려고 해도 내 뜻대로 통제가 되지 않을 때가 많다. 생각은 무의식의 지배를 훨씬 더 많이 받는 영역이기 때문이다. 우리가 생각을 한다라고 생각하지만 사실 생각은 내가 하는 순간보다 나도 모르게 나에게 들어오는 순간이 훨씬 더 많다.

왜 다이어트를 실패하는가? 다이어트를 하려고 하면 할수록 나도 모르게 무의식적으로 더욱 강력하게 치킨과 피자가 떠오르기 때문이다. 이것은 우리 생각이 의지적 노력보다 무의식에 더 많은 영향을 받는 것을 뜻한다. 프로이드는 "무의식이 우리의 현실을 지배한다"고 했다. 과거의 경험들 나도 몰랐던 그 잠재의식들이 현실을 지배하는 것이다. 그렇기 때문에 "생각하라. 더 생각하라. 더 구체적으로 생각하라"라는 좋은 말들이 있지만 그 능력을 지속하지 못했던 것이다. 결국 대다수의 사람은 거대한 잠재의식의 파고에 휩쓸려 자신의 의지적 생각을 유지하지 못하고 애초의 생각을 잊어버리게 된다.

그러면 어떻게 우리의 무의식을 지배할 수 있을까? 그 핵심키는 바로 말하는 것에 있다. 말은 100% 내 의지로 하는 것이다. 그런데 인간은 생각과 다르게 말하는 능력도 있다. 모든 짐승은 무서우면 꼬리를 감추고 고개를 돌린다. 하지만 인간은 무서운 생각이 들어도 난 무섭지 않아! 하기 싫어도 하겠어! 할 수 없을 거 같은 생각이 들어도 할 수 있다! 할 수 있다!를 말할 수 있는 것이다. 그런데 그렇게 말을 바꾸면 생각이 바뀌고 생각이 바뀌면 행동이 바뀐다. 그리고 행동이 바뀌면 인생이 바뀐다. 우리 인생을 바꿀 수 있는 가장 확실한 방법은 바로 말을 바꾸는 것이다. 수없이 많은 책들이 생각을 바꾸라고 권하지만 무의식의 영향을 받기 때문에 사실 그것은 쉽지 않다. 그래서 포기하게 된다. 하지만 말을 바꾸는 것은 누구나 쉽게 할 수 있음에도 그 효과는 강력하다.

말을 하면 누구에게 제일 먼저 들릴까? 자기 자신이다. 누구에게 제일 크게 들릴까? 당연히 자신이다. 그러면 누구에게 가장 큰 영향을 미칠까? 당연히 자기 자신인 것이다! 남들이 아무리 좋은 말을 한다 하더라도 그것을 듣는 것은 내가 내 목소리로 나에게 말하는 것보다 영향력이 적다. 내가 내 입으로 말해야 한다. 나의 목표를, 나의 희망을, 나의 꿈을 말해 보라. 그러면 그것을 이룰 수 있다.

필자는 나폴레온 힐의 책에 써 있는 신념 문구를 보고 난 후 그때부터 말로 낭독하기 시작했다. 그리고 857일째 낭독하고 있는 가운데 정말 놀라운 삶의 변화를 경험할 수 있었다. 신념 문구를 다 낭독하는 데는 27초 정도 걸린다. 운전하다가 잠깐 신호대기 했을 때 낭독하기도 하고 일하다 잠깐 틈이 날 때 낭독하기도 한다. 그렇게 857일째 낭독하던 중 신기하게 나에게는 훌륭한 인생을 구축할 능력이 있다는 확고한 신념이 들었다. 살다 보면 정말 힘들 때가 있

능력 폭발

다. 아, 진짜 어렵다. 안 되나? 포기해야 되나? 하는 마음이 들 때가 있다. 그때 '나에게는 훌륭한 인생을 구축할 능력이 있다, 나는 절대로 단념하지 않는다'라는 문구가 퍼뜩 떠오르면서 돌이킬 수 있었다. 그동안 낭독했던 신념 문구가 내 안에 잠재 능력으로 작동하여 위기의 순간 메시지를 던져준 것이다. 신념 문구를 단지 읽거나 생각하는 것보다 말로 표현하는 것이 무엇보다 중요하다.

살다 보면 짜증 나고 힘들고 심지어 다 포기하고 싶을 때도 있다. 그럴 때마다 신념 문구를 낭독해 보라. 분명 감정을 가라앉히는 효과를 얻을 수 있을 것이다. 필자의 수강생 중에 닉네임 새미(Sammy) 대표는 사우나에서 신념 문구를 중얼중얼거렸다. 마스터마인드 강좌를 듣기 전에는 사업적으로나 관계적으로 최악의 위기를 겪고 있던 중이었는데, 강좌에서 배운 마스터마인드 신념 문구를 매일 낭독하다 보니 정말 신기하게 매일 낭독한 대로 일이 잘 풀리고 마음의 힘이 생기더란 것이다. 위기를 견딜 인내력이 생겼고, 그럼에도 자기 자신을 믿고 도전하겠다는 의지가 사업적인 결단을 이끌어 내어 대규모 M&A를 성공시키고 업계에서 가장 탁월한 인재들을 영입할 수 있었다고 한다. 때마침 업계에 호황이 불어서 그 영입한 인재들과 협력하며 매일 야근을 해야 할 정도로 일이 잘되고 있다고 한다.

또한 대형 헤어숍을 운영하는 제이크(Jake) 대표는 고객이나 직원 때문에 스트레스를 받을 때 신념 문구에 나와 있는 "미움과 시기,

나쁜 마음을 버리고 다른 사람을 위해 봉사한다"라고 하루에도 10번 이상 낭독한다고 한다. 그렇게 말만 하는 데도 마음이 풀리고 편안해지는 경험을 했다고 한다.

정말 자신에게 지금의 난관을 극복할 능력이 있어서 스스로 훌륭한 인생을 구축할 능력이 있다고 낭독을 했던 것일까? 진정 증오와 시기, 나쁜 마음이 없어져서 그렇게 얘기한 것일까? 아니다. 상황이 좋지 않음에도 희망적으로 말할 수 있는 능력을 발휘한 것이다. 이것이 바로 보이지 않아도 닿지 않아도 믿는 믿음의 영역이요 우리의 삶을 바꿀 수 있는 능력의 영역인 것이다.

꿈을 향해 나아갈 때 가장 중요한 것은 도중에 포기하지 않는 마음이다. 대개 100명이 꿈을 향해 나아간다고 하면 90% 이상은 포기하고 만다. 나머지 10% 중에서도 다시 포기하는 사람이 생기고… 그래서 최종적으로 꿈을 이루는 사람은 극소수가 되는 것이다. 대부분의 사람이 몇 번 도전하다가 안 되니 포기하는 것인데, 사실은 표기하기 때문에 안 되는 것이다. 물은 100℃에서 끓는데 마지막 99℃에서 포기하게 된다면 이보다 안타까운 일은 없다.

힘들지만 끝까지 포기하지 않고 인내하고 끈기를 가져야 한다. 포기하지 않는 용기를 가져야 한다. 포기하지 않는 용기는 무조건 생기는 것이 아니라 어느 정도 희망과 자신감이 생길 때 나오는 것이다.

그런 점에서 신념 문구를 낭독하는 것은 포기하지 않는 용기를 심어주기 위한 매우 좋은 방법이라고 할 수 있다. 신념 문구를 낭독함으로써 시시각각 다가오는 두려움과 절망 앞에서 희망과 자신감을 얻을 수 있기 때문이다.

이제 지금까지 이야기한 내용을 바탕으로 자신의 목표를 적어보자. 몇 년도까지 이러한 삶을 이루겠다, 몇 층짜리 건물을 만들겠다, 어떤 기관을 언제까지 세우겠다… 등 뭐든 좋다. 중요한 것은 구체적 날짜와 내용이 들어가 있어야 한다는 사실이다. 그리고 이러한 목표를 이루기 위해 매일 매일 무엇을 해야 할지에 대해서도 적어보라.

안 되면 어떻게 하지, 라고 염려할 것 없다. 안 되면 다시 하고, 문제가 있으면 고치면 되기 때문이다. 힘들어도 인내하고 끝까지 포기하지 않으면 언젠가 우리의 꿈은 이루어질 것이다.

11

본능 에너지의 관리

자기 절제와 고유 능력 강화

성공을 향해 나아가는 길에는 방해요소가 많다. 만약 이 길이 순탄한 길이라면 지금보다 훨씬 많은 성공자가 나왔을 것이다. 성공자가 많지 않은 것은 그만큼 이 길에 장애물이 많기 때문이다. 결국 장애물 앞에 하나둘 넘어지고 소수만 남는 것이 성공자의 길이다. 그렇다면 성공을 향해 나아가는 길에 놓여 있는 장애물에는 어떤 것들이 있을까?

장애물에 대하여 가장 먼저 이야기하고 싶은 것이 본능 에너지이다. 인간에게는 3대 본능 욕구가 있다. 바로 식욕, 성욕, 수면욕이다. 식욕, 성욕, 수면욕 등은 인간이 생존하기 위한 가장 강력한 욕구다. 먹지 않고 잠자지 않으면 인간은 생존할 수 없게 된다. 또 성이 없으면 생명이 이어질 수 없게 된다. 이처럼 인간은 생존을 이어갈 수 있도록 무엇보다 강한 3대 본능욕구를 가지고 있다.

이러한 본능 욕구는 양면성을 가진다. 부족해도 안 되고 과잉되어도 안 된다. 적당히 절제되어야 비로소 건강한 생존을 유지해 나갈 수 있게 된다. 본능 욕구가 부족하면 당장 생존에 문제가 생기고 과잉되면 정상적 생활을 흐트러뜨린다. 결국 정상적 생활을 하기 위해서는 본능 욕구를 적당히 절제하는 삶의 지혜가 필요하다.

하지만 실제 생활에서 본능 욕구를 절제한다는 것은 쉽지 않다. 맛있는 음식을 보면 식탐이 생기고, 매력적인 이성을 보면 성욕이 솟구친다. 어쩌면 신이 인간에게 본능 욕구를 부여한 까닭은 생존과 더불어 시험의 대상으로 주신 것인지도 모른다. 생존을 위해 본능 욕구가 주어졌지만, 절제하지 못할 경우 생존을 위협하는 대상으로 작동하기 때문이다. 식탐을 다스리지 못해 고도 비만이 되거나 건강을 잃고, 성욕을 다스리지 못해 한순간에 나락으로 떨어지는 사람들이 뉴스를 장식하고 있다.

꿈과 성공을 향해 가는 사람들에게 본능 욕구가 문제가 되는 까닭은 이것이 절제되지 않으면 잠재 능력도 나오지 않기 때문이다. 잠재 능력은 과도한 욕심이 발동하는 상황에서는 절대 나오지 않으며 고도로 절제된 몸과 마음의 상태에서만 나올 수 있다. 그런 점에서 본능 욕구를 절제하는 것은 꿈과 성공을 향해 나아가는 사람에게 필수적 과제라고 할 수 있으며, 이것을 절제하지 못하면 꿈과 성공을 방해하는 최대의 장애물이 될 수 있다.

그렇다면 우리는 이러한 본능 에너지를 어떻게 절제하며 다스릴 수 있을까? 성공학 연구자 중에서 본능 에너지와 관련하여 이야기한 사람은 나폴레온 힐이 유일한 것 같다. 나폴레온 힐은 본능 에너지 중 성 에너지에 대하여 이야기했는데, 그는 역설적으로 성공 에너지 중에 성이 매우 중요하다는 이야기를 했다. 즉 성에 대한 욕구는 인간이 가진 가장 큰 욕구 중 하나인데, 이것을 성공 에너지로 전환한다면 더 큰 능력을 발휘할 수 있다는 것이다. 성 에너지를 성공 에너지로 전환한다는 말은 무엇을 뜻할까?

물리학에서 에너지 전환의 법칙이라는 것이 있다. 이것은 운동 에너지가 전기 에너지로 전환될 수 있으며, 열 에너지가 전기 에너지로 전환될 수 있음을 뜻하는 법칙이다. 운동 에너지가 전기 에너지로 전환되는 일은 실제 풍력발전소에서 일어난다. 바람에 의해 프로펠러가 돌아가는 운동 에너지가 발생하는데, 이것을 전기 에너지로 전환시켜 우리가 쓸 수 있는 전기를 공급하는 것이다. 또 열 에너지가 전기 에너지로 전환되는 일은 실제 화력발전소에서 일어난다. 석탄이나 식유를 태울 때 발생하는 열 에너지를 전기 에너지로 전환시켜 우리가 쓸 수 있는 전기를 공급하는 것이다.

마찬가지로 우리는 성 에너지를 전환시킬 수 있다. 즉 성 에너지를 성욕에만 사용하기보다 자신의 긍정적인 방향, 그 능력을 쓸 수 있는 방향으로 전환시키는 것이다. 이때 우리는 놀라운 창조적 힘을

능력 폭발

발휘할 수 있다. 그러나 성 에너지 자체에 머물러 있으면 거기에 에너지가 다 소모되어 내 능력이 나올 수가 없다. 마음이, 행동이 음란할 때 자신의 능력이 발휘되지 않는다.

식탐에 관한 부분도 식욕 에너지를 어떤 창조적 에너지, 능력 에너지로 전환시켜 사용해야 한다. 이와 같이 본능 에너지를 능력 에너지로 전환시키기 위해서는 마음의 태도를 무장하고 여가 시간 활용을 잘하는 것이 매우 중요하다. 마음의 태도란 꿈과 성공을 이루기 위해 밝고 맑고 건강한 몸과 마음으로 나아가겠다는 결심을 뜻한다. 이러한 긍정적 마음의 태도를 갖고 열심히 활동하다 보면 식탐이나 성욕 등에 잘 빠지지 않는다. 그리고 식욕 에너지와 성 에너지가 능력 에너지로 전환되어 더 큰 능력을 발휘할 수 있게 된다.

여가시간 활용을 잘하는 것도 중요한데, 대개 이 시간에 식탐과 성욕 등이 발동하기 쉽기 때문이다. 긍정적 마음의 태도를 갖고 꿈과 성공을 향해 열심히 매진하다 보면 대개 여가시간도 절제하며 잘 보내게 된다. 열심히 몸과 마음을 움직이기 때문에 나타나는 결과다. 하지만 조금이라도 게으른 시간을 보내다 보면 에너지가 남게 되고 여가시간에 식탐이나 성욕 등이 발동하여 절제된 삶을 흐트러뜨릴 수 있다.

다스려야 할 본능 에너지 중 수면욕 역시 매우 중요하다. 사실 3

대 본능 중 어쩌면 수면욕이 가장 중요할지도 모른다. 왜냐하면 먹지 않아도 한 달 이상 살 수 있으나 잠을 자지 않으면 며칠도 살 수 없기 때문이다. 사람이 잠을 자지 않고 버틸 수 있는 시간은 공식적으로는 264시간 1분(11일 1분)으로 나타나 있다. 잠재 능력은 최고의 컨디션 상태에서 발휘될 수 있다. 의학적으로 연구한 결과 인간이 최고의 컨디션을 유지할 수 있는 수면 시간은 7~8시간으로 알려져 있다. 이보다 적은 수면 시간이나 많은 수면 시간은 오히려 컨디션을 떨어뜨릴 수도 있다.

누구보다 나 자신은 내가 제일 잘 안다. 내가 어떤 상황에서 최상의 컨디션이 되는지 스스로의 삶을 면밀히 살펴보고 최상의 나 자신을 만들어가야 한다. 이 부분에 있어 사람마다 어떤 상황이 최상의 나자신을 만드는지는 모두 다를 것이다. 누군가는 이른 아침이, 누군가는 늦은 밤이, 누군가는 아침 식사를 하는 것이, 또 누군가는 아침을 먹지 않는 것이 좋은 컨디션을 유지하는 데 도움이 되는 등 각각 체질과 성향에 따라 다르기 때문에 어떤 것이 정답이라 규정할 수는 없다.

그래서 필자는 항상 'Be Yourself(당신 자신이 되라)'를 강조한다. 다른 사람의 말만 쫓으며 시간을 낭비하기 보다 하루 빨리 자기 자신이 최상의 상태가 되는 길을 파악하고 그 에너지를 유지하기 위해 노력해야 하는 것이다. 물론 앞서 서술한 식욕, 성욕, 수면욕을 기준점으로 스스로를 정확하게 관리하는 것이 무엇보다 필요하다.

식욕, 성욕, 수면욕을 잘 절제하고 관리하며 능력 에너지로 전환할
수 있다면 더 많은 능력을 발휘할 수 있을 것이다.

12

진정한 성장의 임계점 돌파

제트 공식

임계점은 꿈과 성공을 향해 나아가는 사람이라면 꼭 기억해야 할 단어라고 할 수 있다. 임계점이란 본래 물리학 용어로, 어떤 물질이 다른 상태로 바뀔 때의 온도와 압력을 뜻하는 말이다. 예를 들어 액체 상태의 물이 끓어서 기체 상태로 변할 때의 온도와 압력은 임계점이 될 수 있다. 이러한 임계점이 경영학에서 사용되다가 성공학에서도 사용하게 되면서 '어떤 한계를 뛰어넘는 것'을 뜻하는 용어로 확대 사용되고 있다.

성공의 정의가 어떤 일의 목표를 이뤄내는 것이라고 했을 때 성공에 이르기 위해서는 반드시 임계점을 넘어서야 한다. 앞에서도 이야기했듯 100℃를 넘어서야 물이 끓는데, 99℃에서 가열을 멈춘다면 물은 끓을 수 없다. 마찬가지로 성공도 마지막 1℃까지 힘을 내어야 비로소 100℃에 도달할 수 있는 것이다. 성공은 이러한 속성이 있기 때문에 포기하지 않고 지속적으로 도전하는 노력이 필요하다. 그리고 마지막 임계점을 돌파하기 위해서는 지속적인 성장과 함께 하는 노력도 필요하다.

성장과 관련하여 우리는 쉽게 실의에 빠지곤 한다. 아무리 노력해도 성장하는 모습이 보이지 않기 때문에 나타나는 현상이다. 이러한 상태에 빠지면 '나는 안 되는가 보다' 하는 자괴감에 빠지고 이것이 심해지면 무기력과 우울감에 빠질 수도 있다. 따라서 성장을 이뤄내는 것은 성공을 향해 가는 길에서 무엇보다 중요한 과제다. 그렇다면 어떻게 해야 진정한 성장을 이뤄낼 수 있을까?

성장은 지속적인 훈련과 실제적 경험이 쌓여가는 가운데 일어나게 마련이다. 그럼에도 불구하고 성장이 일어나지 않고 침체에 빠져 있다면 자신을 좀 더 극한의 상황에 몰아넣을 필요가 있다. 극한의 상황이 극한의 능력을 발휘하게 하기 때문이다.

필자는 강의 초창기에 수강생 한 명으로 강의한 적도 있었고, 돈을 받지 않고 강의를 한 적도 있었다. 클래스가 없어지면 안 된다는 마음에, 한 명이라도 더 등록을 시켜야 한다는 마음에 그렇게 한 것이다. 그렇게 강의를 하다 보니 극한의 절박한 마음으로 강의를 하게 되었다. 놀라운 것은 그렇게 극한의 상태에서 절박한 마음으로 강의를 하다 보니, 필자의 강의력이 놀랍게 증진되었다는 사실이다. 극한의 상황이 극한의 능력을 발휘하게 함으로써 나도 모르는 능력을 나타내게 되었던 것이다. 만약 당신에게 성장이 일어나지 않아서 위축되어 있다면 극한의 절박한 상황을 만들어보라. 그때 성장이 일어나는 놀라운 경험을 하게 될 것이다.

꿈과 성공을 이뤄내기 위해 가장 필요한 능력은 바로 커뮤니케이션(communication) 능력이다. 성공은 결국 인간관계 속에서 이루어지는 것이기 때문에 의사소통 능력은 무엇보다 중요하다. 이러한 커뮤니케이션 능력이 뛰어난 사람들은 성공으로 가는 길에 놓인 장애물을 뛰어넘고 임계점을 넘어 성공에 도달하기 매우 유리하다. 커뮤니케이션 능력과 관련하여 제트공식이란 것이 있다.

의사소통 능력에서 내 의사를 잘 전달하는 것은 무엇보다 중요하다. 특히 대중 앞에 서는 리더라면 의사전달 능력은 더욱 중요하다. 필자 역시 강의를 하는 사람이므로 이러한 의사전달 능력에 대하여 많은 공부를 했다. 그중 필자가 존경하는 스승 중 대만의 데이비 차

능력 폭발

오라는 분에게서 전수받은 것이 바로 제트 공식이다.

제트 공식은 아주 쉽다. A는 B와 같다. 그 B의 특징은 이렇고…그래서 A도 그렇다. 이것이 제트 공식을 이용하는 방법이다. 제트 공식은 비유를 사용하는데, 비유의 예를 들면 다음과 같다. "훌륭한 강의는 택시와 같다. 택시처럼 비용은 들지만 빠르고 편하게 그리고 돌아가지 않게 우리를 성장시켜준다." 이렇게 말하는 것이다. 그러면 사람들은 비유의 대상을 생각하며 설명하고자 하는 개념을 훨씬 구체적이고 명확하게 이해하게 되는 것이다.

실제 제트 공식을 활용하는 방법에 대해 알아보자. 일반적인 비유와 다른점은 먼저 A는 B와 같다고 이야기하고서는 B의 특장점을 얘기하는 것이 핵심이다. 예를 들어서 필자의 강의를 주제로 제트 공식을 적용해서 발표한 수강생의 발표를 살펴보자.

"이명종 교수의 강의(A)는 터널(B)과 같다. 터널은 진입할 때는 갑자기 어두워지면서 긴장도 되고 불편함도 있지만 그 길을 쭉 따라가다 보면 빛이 보인다. 그리고 지나고 보면 가장 빠른 길로 왔음을 알게 된다. 마찬가지로 이명종 교수의 강의는 처음에는 자꾸 참여를 시켜서 긴장도 되고 불편함이 있지만 결국 가장 빨리 환한 성공의 길로 이끌어 주었다는 생각이 든다."

어떤가? 그냥 "이명종 교수의 강의가 처음에는 힘들지만 효과가 있어"라고만 이야기한 것과 제트 공식을 활용해 터널에 비유한 것은 매우 커다란 차이가 있음을 발견하였을 것이다. 이것이 제트 공식의 파워다.

결국 제트 공식은 중간에 비유를 넣어 개념을 명확하고 정확하게 전달하는 의사전달 방법이라고 할 수 있다. 제트 공식을 익히면 사람들과 소통하면서 내 아이디어를 효과적으로 전달하는 데 있어서 아주 탁월한 능력을 나타낼 수 있다.

신념을 강화하는 시간
큰소리로 외치기

여러분은 멍게 이야기를 통하여 안전지대와 도전지대의 개념을 잘 이해했을 것이다. 이제 멍게처럼 가만히 있지 말고 도전을 해야 할 시간이다. 안전지대는 처음에 편안하고 좋아 보이지만 시간이 갈 수록 위험지대로 변해간다. 반면 도전지대는 위험해 보이고 불안해 보이지만 이것이 정착되고 나면 도리어 안전지대가 된다. 이미 도전 지대에서 뛰고 있는 사람들은 이 공간이 우리의 안전지대라는 사실을 잘 알고 있다.

만약 도전지대가 안전지대로 확보되었다는 사실을 인식하는 사람 이라면 이제 이 공간을 기회지대로 만들어야 한다. 아무리 도전지대 라 하더라도 그것이 안전지대로 되면 다시 나태한 마음이 솔솔 올 라올 수 있다. 그렇다면 어떻게 해야 기회지대를 만들 수 있을까? 기 회는 아무에게나 오는 것이 아니다. 신념이 강하고 투철한 사람에게 기회는 온다. 신념이 기회를 끌어당기기 때문이다. 따라서 우리는 우리의 신념을 강화시키는 시간을 가져야 한다. 신념 이야기를 할 때 우리는 마틴 루터킹 목사를 빼놓을 수 없다.

마틴 루터킹 주니어(Martin Luther King Jr.)는 미국의 유명한 민권 운동가이자 목사다. 그는 대중 연설로 이름을 드높였는데, 그중에서 가장 유명한 것은 1963년에 워싱턴 D.C.에서 열린 "I Have a Dream" 연설이다. 이 연설에서 마틴 루터킹은 연설 곳곳에 "I Have a Dream" 이라는 문구를 반복함으로써 대중의 뇌리에 강한 인상을 남겼다. 연설의 핵심은 미국의 인종 차별을 철폐하고 평등과 정의를 촉구하는 내용이다. 그중에서 "I Have a Dream"이 포함된 내용을 소개하면 다음과 같다.

I have a dream that one day this nation will rise up and live out the true meaning of its creed: "We hold these truths to be self-evident, that all men are created equal."
(나에게는 꿈이 있습니다. 언젠가 이 나라가 일어나서 그 신념의 진정한 의미를 실현할 것입니다: "우리는 이 진리들이 자명하다고 믿습니다. 모든 사람은 평등하게 창조되었다고.")
I have a dream that one day on the red hills of Georgia, the sons of former slaves and the sons of former slave owners will be able to sit down together at the table of brotherhood.

(나에게는 꿈이 있습니다. 언젠가 조지아의 붉은 언덕에서, 옛 노예의 아들과 옛 노예 주인의 아들이 형제처럼 함께 앉아 식사를 하는 날이 올 것이라는 꿈입니다.)

I have a dream that one day even the state of Mississippi, a state sweltering with the heat of injustice, sweltering with the heat of oppression, will be transformed into an oasis of freedom and justice.

(나에게는 꿈이 있습니다. 언젠가 불의와 억압이 가득한 미시시피 주조차도 자유와 정의의 오아시스가 될 날이 올 것이라는 꿈입니다.)

I have a dream that my four little children will one day live in a nation where they will not be judged by the color of their skin but by the content of their character.

(나에게는 꿈이 있습니다. 언젠가 나의 네 자녀가 피부색이 아니라 인격에 따라 평가받는 나라에서 살게 될 것이라는 꿈입니다.)

I have a dream today!

(오늘 나는 꿈을 꿉니다!)

마틴 루터킹 목사의 강한 신념을 읽을 수 있는 대목이다. 마틴 루터킹은 이후에도 미국 전역을 다니며 "I Have a Dream" 연설을 했는데, 5년 후에 테네시주 멤피스에서 암살을 당함으로써 불과 39세의 나이로 생을 마감하고 말았다. 그의 죽음은 미국 사회에 커다란 충격을 던졌으며 전 세계적으로 큰 슬픔과 분노를 불러일으켰다. 죽음과 맞바꾼 그의 연설 덕분에 1964년 민권법, 1965년 투표권법 등의 중요한 법적 변화가 일어나게 되었다.

사실 마틴 루터킹은 "I Have a Dream" 연설을 하기 전부터 이미 여러 차례 살해 위협을 받았었고 실제 위기를 겪기도 했었다. "쓸데 없는 소리 집어 치워, 어떻게 열등한 흑인이 백인과 같다고 할 수가 있어! 니가 그런다고 세상이 바뀔 것 같아, 니가 그렇게 이야기한다 고 사람들이 다르게 생각할 것 같아, 너 그러면 죽여버릴 거야, 없애 버릴 거야!" 이런 소리를 들으며 수없이 많은 위협을 당하면서도 워 싱턴의 링컨 동상 앞에서 "나에겐 꿈이 있습니다, 나에게 꿈이 있습 니다"라고 외쳤던 것이다.

그 당시 버스는 백인과 흑인이 앉는 자리가 구분돼 있었다. 만약 백인이 앉는 자리에 흑인이 앉으면 돌팔매질을 당했다. 또 식당에는 공공연하게 '흑인과 개는 출입 금지' 같은 안내문이 붙어있었다. 그 런 시절에 마틴 루터킹은 "나에게 꿈이 있습니다, 나에겐 꿈이 있습 니다, 나에겐 꿈이 있습니다. 저 높은 산이 낮아지고 저 깊은 계곡이 높아지는 그 날에 백인 소년과 흑인 소녀가 손을 맞잡고 행진하는 꿈이 있습니다. 우리가 함께 일하고 함께 투쟁하고 함께 감옥에 가고 함께 자유를 누릴 그날이 우리에게 올 것임을 나는 믿습니다. 나에 게 꿈이 있습니다"라는 이야기를 했던 것이다.

그때 마틴 루터킹의 목소리는 힘이 있었고 눈빛은 강렬했다. 그리고 제스처는 확신에 차 있었다. 마틴 루터킹이 연설할 때 주먹을 꽉 쥐었다. "나에게 이렇게 뜨거운 소망이 있는데 나에게 이렇게 강렬한 열망이 있는데 어떻게 주먹을 지지 않을 수가 있겠는가. 나에게 이렇게 강렬한 갈망이 있는데 어떻게 목소리가 커지지 않을 수가 있겠는가"라는 말을 강렬하게 느끼게 한다.

신념은 간절한 바람이 있을 때 나오는 것이다. 마틴 루터킹은 인종 차별을 없애겠다는 간절한 바람이 있었기에 이러한 신념이 나올 수 있었던 것이다. 이제 우리 차례다. 우리도 간절한 갈망이 있을 때 마틴 루터킹과 같은 신념을 가질 수 있다. 신념이 있다면 내 목소리도 뜨거워지고 내 눈빛도 이글이글 불타오를 수 있다. 생각은 드는 것이지만 말은 하는 것이라고 했다. 당신의 뜨거운 신념을 말로 표출해 보라. 진짜 마음이 뜨거워서 목소리가 커진 사람도 있지만, 목소리를 크게 하면 내 마음이 뜨거워지기도 한다. 이 부분을 한번 도전해 보는 것이다. 마틴 루터킹의 신념이 세상을 변화시켰다는 사실을 기억하라. 나의 신념도 세상을 변화시킬 수 있다. 큰 소리로, 큰 제스처로 지금 자신의 꿈을 외쳐보라.

마틴 루터킹의 신념을 꺾으려고 사람들이 달려들었던 것처럼 나보고 "안 돼, 넌 못 해, 하지 마, 니가 뭘 할 수 있어!"라고 했던 사람들이 있을 것이다. 그런 사람들을 떠올리며 나의 신념을 가지고서 이렇게 맞받아쳐 보라.

"너의 생각이 틀렸어, 너의 말이 틀렸어. 난 너의 결정대로 살지 않아! 나는 꿈이 있어. 나는 남들과 다르게 노력하고 남들과 다른 결과를 만들어 내고야 말 거야!"

지금 떠오르는 나의 신념을 꺾으려고 했던 사람들에게 마틴 루터 킹처럼 강력하게 이야기해 보라. 이때 내 생각으로 말하지 말고 내 안에 잠재된 능력을 사용해 보라. 그냥 생각하지 말고 마음에서 흘러나오는 대로 마음에 있는 울분과 마음에 있는 모든 에너지를 던지면 되는 것이다. 필자는 이것을 '극복'이라고 표현한다. 이런 과정을 통하여 우리는 반대를 극복할 수 있다. 이 극복에 도전해 보라.

우리에겐 훌륭한 인생을 구축할 능력이 있다. 지금은 힘들어도 기다리고 버티며 절대 단념하지 않는다면 언젠가는 기회가 올 것이다. 아무리 힘들어도 기다리고 버티며 절대 단념하지 않는 비결이 바로 신념이다. 강한 신념이 있다면 어떤 상황도 이겨낼 수 있다.

마틴 루터킹처럼 큰 소리로 외치는 연습은 신념을 강화하는 데 큰 도움을 줄 수 있다. 갑자기 큰 소리를 지르는 것이 힘들 수도 있다. 하지만 일단 지르고 나면 엄청난 에너지를 얻을 수 있다는 사실을 깨달을 수 있다. 필자는 이러한 훈련을 하면서 자신의 능력을 끌어내지 않는 사람을 단 한 명도 본 적 없다. 그만큼 이 훈련은 강력한 힘을 발휘한다.

능력 폭발

이러한 훈련을 통하여 알 수 있는 것은 누구나 자신 안에 꿈을 이룰 수 있는 충분한 능력이 있다는 사실이다. 누구나 사람들에게 자신을 표현할 수 있는 강력한 능력이 있다. 신념을 가지고 살아갈 수 있는 그 능력이 우리에게 있다. 하지만 대부분의 사람들은 이러한 능력을 꼭꼭 숨겨둔 채 살아간다. 이제 우리 안에 있는 나도 모르는 90% 이상의 능력을 끄집어내야 할 때다. 우리 안에 강력한 신념을 가질 때 이러한 능력을 깨울 수 있다. 그 신념을 강화하기 위해서는 트레이닝이 필요하다. 필자가 소개한 방법으로 지속적인 신념 강화 훈련을 해보라. 남들보다 더 강력하게 더 파워풀하게 더 힘 있게 내 삶을 설계할 수 있고 내 능력을 쓸 수 있을 것이다.

이 훈련이 파워풀한 이유는 말의 힘과 말의 능력 때문이다. 단지 생각으로 신념 강화 훈련을 하는 것이 아니라 말로서, 그것도 큰소리로 신념 강화 훈련을 하기 때문에 더 강력한 힘을 발휘할 수 있는 것이다. 신념을 말로 표출하는 순간 그것은 강력한 자기 암시와 양자역학의 동시성 원리 등이 작동하여 나의 잠재 능력을 발휘하는 무기로 작동할 것이다.

꿈을 최대한
구체적으로 적기

1. 나는 어떤 분야에서 꿈을 이루고 싶은가?

(예: 사업, 예술, 교육, 건강, 인간관계, 사회 공헌 등)

_____

2. 이 꿈을 이루기 위해 언제까지 목표를 달성하고 싶은가?

(예: 5년 후, 10년 후, 2030년까지 등 구체적인 시기 설정)

_____

3. 이 꿈을 이루었을 때 내 삶은 어떻게 달라질 것인가?

(예: 경제적 자유를 얻는다, 영향력 있는 사람이 된다, 행복하고 건강한 삶을 산다 등)

_____

능력 폭발

4. 이 목표를 이루기 위해 필요한 구체적인 기술이나 지식은 무엇인가?

(예: 외국어, 경영 지식, 전문 자격증, 네트워크 구축 등)

_____

5. 나는 현재 이 꿈을 이루기 위해 어디까지 와 있는가?

(예: 초보 단계인지, 중급 수준인지, 어느 정도 경험을 쌓았는지 등 현실 점검)

_____

6. 이 꿈을 이루는 과정에서 예상되는 장애물은 무엇인가?

(예: 자금 부족, 시간 부족, 경험 부족, 주변의 반대 등)

_____

7. 이 꿈을 이루기 위해 내가 매일, 매주, 매달 해야 할 일은 무엇인가?

(예: 매일 2시간 공부하기, 매주 1개 프로젝트 완수하기, 한 달에 3권의 책 읽기 등)

_____

8. 이 꿈을 이루기 위해 포기할 수 있는 것과 반드시 지켜야 할 것은 무엇인가?

(예: 불필요한 소비, TV 시청 시간을 줄이기, 건강, 가족과의 시간을 지키면서 목표를 달성하기 등)

_____

Part 4

협력과
좋은 인간관계

함께 이루는 성과

14

나를 돕는 협력자들
좋은 인간관계가 주는 힘

모든 사람이 성공을 바라지만 성공을 이루기 위해서는 두 가지 요소가 필요하다. 성공을 위해서는 먼저 자신의 마인드가 구축되어 있어야 하고 다음으로 인간관계가 받쳐 줘야 한다.

성공 = 마인드 + 인간관계

지금까지 자신의 마인드 구축에 대한 이야기를 하였다면 여기에서는 인간관계에 대한 이야기를 하려고 한다. 어떻게 하면 좋은 인간관계 시스템을 만들 수 있을까? 데일 카네기는 『인간관계론』에서 인간관계를 잘하기 위해서는 먼저 다른 사람에게 관심을 기울여야 한다고 말했다.

그러나 성격상 이것이 어려울 수도 있다. 외향적인 사람은 쉬울지 모르지만 내향적인 사람은 다른 사람에게 관심을 가지는 것이 쉽지 않다. 내향적인 사람의 경우 먼저 다른 사람을 만나는 일 자체가 부담이 될 수 있다. 하지만 다른 사람을 만나지 않고 일어나는 일은 거의 없다. 뭔가 일을 이루기 위해서는 다른 사람을 만나야 한다. 따라서 내향적인 사람은 최소한 인간관계를 위해 자신의 성격을 조금 바꿀 필요가 있다. 그리고 상대방에게 다가가기 위해 노력하며 진심 어린 관심과 배려와 존중을 보여주면 자연스럽게 그 사람과의 좋은 관계가 이루어질 수 있다. 사람은 자신이 관심을 받고 존중받고 있다는 느낌을 받을 때 마음을 열게 된다는 사실을 잊지 마라.

그렇다면 어떻게 상대에게 진심 어린 관심과 배려와 존중으로 나아갈 수 있을까? 먼저 상대를 만날 때 항상 미소를 짓기 위해 노력해야 한다. 미소는 비언어적 소통의 강력한 도구로, 상대에게 친근함과 신뢰를 전달할 수 있는 최고의 방법이다. 그리고 상대의 이름을 기억하기 위해 노력해야 한다. 상대를 만날 때 이름을 불러주면 그 사람은 '이 사람이 나에게 관심을 갖고 있구나. 나를 존중해 주는구나' 하는 느낌을 갖게 된다.

인간은 기본적으로 이기적 동물임을 잊지 마라. 그래서 상대를 만나게 되면 상대가 앞에 있는데도 불구하고 항상 자기 중심적으로 생각하게 된다. 그러다가 상대가 자기 기준과 맞지 않으면 즉시 불평이나 비판이 나오게 된다. 인간관계가 깨지는 것은 이런 자기 중심

능력 폭발

적 원리가 서로에게 작동하기에 나타나는 현상이다. 따라서 상대와 좋은 인간관계를 만들기 위해서는 상대방의 입장에서 생각하는 훈련이 필요하다. 상대방의 입장에서 생각하는 훈련이란 상대방이 무엇을 원하는지, 무엇을 필요로 하는지 이해하려고 노력하는 것이다. 또 그들의 감정을 존중하고, 그들의 관점에서 상황을 바라보고 이해하려고 노력하는 것이다. 인간은 기본적으로 자기 중심성이 있기에 상대방의 입장에서 생각하는 것은 쉽지 않다. 그래서 훈련이 필요한 것이다.

인간은 불완전한 존재이기에 완벽한 인간관계란 없다. 조금 더 잘하려고 하는 인간관계가 있을 뿐이다. 함께 일하다 보면 실수할 때가 있다. 이때 실수를 잘 대처하는 것 또한 좋은 인간관계를 유지하는 데 매우 중요하다. 만약 내가 실수를 했다면 재빨리 자신의 실수를 인정하고 사과하는 태도를 가지는 것이 좋다. 이러한 행동은 상대방에게 신뢰를 줄 수 있다. 만약 상대가 실수를 했다면 급하게 실수를 지적하기보다 먼저 상대방의 자존심을 지키는 것부터 생각해야 한다. 사람은 자존심을 중요하게 여기므로 자칫 실수를 지적하는 과정에서 자존심에 상처를 입을 수도 있기 때문이다. 따라서 상대의 실수를 받아들이고 오히려 상대의 긍정적인 면을 강조해주면서 상대 스스로 실수를 깨달을 수 있도록 하는 지혜가 필요하다.

상대와 함께 대화하다 보면 의사결정을 내려야 할 때가 있다. 이

때 내 의견을 무리하게 강요하기보다 상대방의 의견을 존중하는 마음으로 먼저 그들의 생각을 묻는 태도를 갖는 것이 중요하다. 사람들은 자신의 의견이 중요하다고 느낄 때 더 협력적이고 열린 태도를 보이게 된다. 이를 통하여 더 좋은 의견을 이끌어낼 수 있고 상대와의 관계도 원만해질 수 있다. 좋은 인간관계를 위해 내가 말을 많이 하기보다는 많이 듣기 위해 노력해야 한다. 자칫 잘못하면 상대를 변화시킨다고 상대를 가르치려고 하거나 명령하는 태도를 취할 수 있는데, 이는 대부분의 사람이 싫어하는 행동이다. 차라리 말보다는 자신의 행동을 통해 긍정적인 영향을 미치는 것이 더 효과적이다. 행동으로 보여주면 상대는 나를 신뢰하게 된다.

결국 좋은 인간관계에서 핵심은 사랑이라고 할 수 있다. 여기에서 사랑은 남녀 간의 사랑을 초월해 진정성 있게 상대를 위해주는 마음을 뜻한다. 링컨은 어린 시절 어머니와 누나의 죽음을 경험하는 등 결핍된 가정에서 자랐지만 할머니인 루시 행크스(Lucy Hanks)의 사랑과 교육 덕분에 역경을 극복하고 미국의 16대 대통령이 되어 노예 해방과 남북 전쟁의 종식을 이끌었다. 수많은 성공자들 중에는 이런 환경에서 자란 사람들이 적지 않다는 사실을 알고 있지 않은가. 이처럼 당신도 상대에게 진정성 있게 다가가면 이러한 기적을 만들어낼 수 있다.

그럼에도 불구하고 인간관계를 맺다 보면 도저히 나와 맞지 않는 사람을 만날 때가 있다. 이때에는 나의 역량에 따라 대응할 필요가 있다. 만약 나의 역량이 도저히 그 사람을 감당할 수 없다면 과감히 관계를 끊는 것도 한 방법이 될 수 있다. 그것이 새로운 인간관계를 맺는 데 도움을 줄 수 있기 때문이다. 하지만 내가 감당할 정도의 역량이 있다면 오히려 그 사람을 끌어안기 위해 노력해야 한다. '친구는 가까이, 적은 더 가까이'라는 말이 있다. 그를 죽일 수 없다면 오히려 친구로 만들어야 한다. 이것은 차원이 다른 리더십이 필요한 부분이다. 하지만 이것이 성공한다면 그는 최고의 협력자가 될 수 있다. 여기에서 우리는 협력자의 개념에 대해 접근할 필요가 있다.

이전의 파트에서 우리는 최상의 나 자신으로 성장하는 방법에 대하여 이야기했다. 최상의 나를 만들면 꿈이 이루어질까? 과연 성공대로가 펼쳐질까? 꿈을 이루고 성공에 다가가는 여정은 나 혼자 하는 과정이 아니다. 사회의 구조 속에서 일어나는 일이고 인간관계 속에서 펼쳐지는 일이다. 누구도 혼자의 힘으로 꿈을 이룰 수 없고 성공에 다가갈 수 없다. 세상에 훌륭한 일을 해냈거나 성공한 사람들 어느 누구도 혼자의 힘으로 그 자리에 간 사람은 없다. 그들 주변에 그들의 성공을 돕는 협력자가 있었기에 그 자리에 갈 수 있었다.

여기에서 협력자란 무엇일까? 협력이란 두 명 이상의 사람이 어떠한 목표를 위해 함께 힘을 합해 일하는 것을 말한다. 협력자란 이러한 협력을 함께하는 사람을 뜻한다.

범위를 좁게 보면 부모는 우리의 최고 협력자임을 알 수 있다. 내가 사회에서 독립적으로 살아갈 수 있도록 돕는 최상의 협력자가 바로 나의 부모다. 내가 일하는 과정에서 일이 잘 풀리지 않을 때 갑자기 나타나 도움을 주는 사람도 나의 협력자다. 인생에 가장 힘들 때 주변 사람도 다 떠나고 절망 끝에 있을 때 나를 믿고 옆에 있어줬던 사람, 그야말로 최고의 협력자라 할 수 있다. 그런 사람들 덕분에 포기하지 않고 무너지지 않고 다시 시작하여 오늘을 만들 수 있는 것이다. 꿈과 성공을 이루기 위해 나아가는 과정에서 협력자를 만난다는 건 이처럼 중요한 일이다.

진정한 협력자는 가장 어려운 순간, 가장 중요한 순간 곁에 있어주는 사람이다. 이러한 협력자가 중요한 이유는 인생에 있어 가장 고통스럽던 순간의 도움이 내 안의 잠재력을 끌어내는 상황을 만들 수 있기 때문이다. 앞에서도 이야기했듯 내 안의 잠재 능력은 극한의 상황에서 깨어날 수 있다. 거기에 협력자와 함께하면 시너지 효과가 발생하여 잠재되어 있던 새로운 능력까지 발휘할 수 있게 된다.

협력자에 대한 개념은 역으로 생각할 수도 있다. 내가 협력자의 도움을 구할 생각만 하지 말고 내가 다른 사람의 협력자가 되어주는 것이다. 지금 고통에 빠져 있는 누군가에게 협력자가 되어주는 것은 어떤가? 나의 협력자를 구할 생각만 하지 말고 나도 협력자가 되어 보는 것이다. 협력자를 만나는 것도 축복이지만 협력자가 되어주는 것은 더 큰 축복이다.

이런 협력자를 만나거나 협력자가 되어주기 위해서는 먼저 나의 역량을 쌓아야 한다. 그리고 기다리는 태도가 필요하다. 그런데 사람들 중에는 이런 내공을 쌓지도 않은 채 기다림도 없이 먼저 성급히 다가가는 경우가 많다. 이럴 경우 인간관계는 오래가지 못하고 깨어지므로 진정한 협력자를 만들지 못할 가능성이 매우 높다는 사실을 기억해야 한다.

15

키다리 아저씨 이야기
서로를 지지하고 격려하는 관계의 중요성

진 웹스터(Jean Webster)가 1912년에 발표한 소설 『키다리 아저씨』는 주인공 주디가 키다리 아저씨의 후원으로 자립하고 성장하는 과정을 그려낸 소설이다. 필자는 어린 시절 『키다리 아저씨』를 읽고 감동을 받았던 기억이 있다. 어린 시절 아버지가 돌아가셨기 때문에 키다리 아저씨가 아버지와 오버랩되었기 때문인지도 모른다. 어쨌든 『키다리 아저씨』에게서 받은 여운이 컸던지 한동안 키다리 아저씨를 상상하며 보냈던 기억이 있다. 키다리 아저씨는 누구보다 훌륭한 협력자이기도 하기 때문에 여기서는 키다리 아저씨에 대한 이야기를 하려 한다.

『키다리 아저씨』는 워낙 대중적 소설이라 이미 읽은 사람도 있겠지만, 아직 읽지 못한 사람을 위해 대략의 줄거리를 소개하면 다음과 같다.

제루샤 애벗은 고아원에서 자란 소녀다. 제루샤 애벗이라는 이름은 고아원 원장이 지어준 이름인데 어느 날 '제루샤'는 어느 묘비에서 따온 것이고, '애벗'은 전화번호부 앞쪽에 있는 이름에서 가져와 대충 지은 것이라는 사실을 알게 된다. 이러한 사실에 제루샤 애벗이라는 이름에 대해 질색하며 스스로 자신의 이름을 주디라는 애칭으로 바꿔 버린다. 그만큼 주디는 스스로 일어서려는 자립심이 강한 아이였다.

주디는 18세로 나이가 꽉 차서 고아원을 나가야 할 처지가 되었을 때 자신의 신세가 한탄스러워 우울한 수요일을 맞이하고 있었다. 하지만 인생에서 가장 힘들었던 그 날이 기적적으로 한 후원자의 눈에 들어 대학에 들어가는 엄청난 행운을 얻게 되었다.

주디는 이 후원자로부터 장학금을 받으며 대학생활을 하게 되는데, 이 후원자는 자신의 이름을 밝히지 않고 키다리 아저씨라는 익명으로 편지를 보내왔다. 이렇게 주디는 키다리 아저씨와 편지로만 연락을 주고 받으며 생활을 이어나간다. 키다리 아저씨는 주디에게 학교 교육을 받을 수 있도록 지원할 뿐만 아니라 주디가 어렵거나 힘들 때마다 도움을 주지만, 그의 정체는 공개되지 않는다. 이로 인해 주디는 키다리 아저씨에 대한 환상을 더욱 키워나간다.

주디는 키다리 아저씨의 후원 덕분에 좋은 교육을 받고 성숙되어 간다. 점점 자신의 가치와 독립적인 삶을 찾으며 자아를 확립해 나간다.

주디가 이렇게 살 수 있는 것은 모두 키다리 아저씨 덕분이다. 이 때문에 주디는 더욱 키다리 아저씨의 정체를 알고 싶어하지만 키다리 아저씨는 좀체 모습을 드러내지 않는다.

그러다가 제롯이라는 남자를 만나 사랑에 빠지게 되는데… 놀랍게도 제롯이 바로 자신의 키다리 아저씨임을 알게 된다. 키다리 아저씨가 그동안 자신의 정체를 숨긴 까닭은 그녀에게 애정을 느꼈지만 주디가 자립적으로 성장해 나가기를 바라는 깊은 마음에서였다. 이렇게 두 사람은 서로의 마음을 확인하면서 이야기는 해피엔딩으로 마무리된다.

어떤가? 아마도 협력자의 간절한 도움을 바라는 사람이라면 키다리 아저씨 이야기는 감명 깊게 다가오지 않을 수 없다. 대개 아이 때는 부모의 후원을 받으며 자란다. 그런 점에서 부모야말로 최고의 키다리 아저씨라고 할 수 있다. 필자는 어렸을 적 아버지가 돌아가셨기 때문에 유독 키다리 아저씨를 감명 깊게 읽었던 것 같다. 감명 깊게 읽은 이야기는 자신과 오버랩되게 마련이다. 이후로 필자는 '혹시 나에게도 키다리 아저씨가 있지 않을까' 하는 기대를 갖게 되었다. 살아가면서 키다리 아저씨를 만나고 싶었다. 하지만 좀체 키다리 아저씨는 나타나지 않았다. 도대체 내 인생에 키다리 아저씨는 어디에 있는 것인가? 키다리 아저씨를 간절히 바라다 보니 '돌아가신 아버지의 친구 중에 혹시 연락을 주시는 분이 있지 않을까' 하고 생각한 적도 있었다. 결국 나에게 키다리 아저씨는 나타나지 않았다. 나

능력 폭발

는 왜 키다리 아저씨를 만나지 못한 걸까?

키다리 아저씨를 기다리다 지친 나는 어느 날 내가 키다리 아저씨가 되기로 결단을 했다. 키다리 아저씨를 만나지도 못했는데 어떻게 키다리 아저씨가 될 수 있단 말인가? 키다리 아저씨 이야기를 잘 읽으면 키다리 아저씨는 도움을 주고 주디는 도움을 받는 일방적 관계처럼 보이지만 사실은 그렇지 않다. 서로 지지하고 격려하는 협력의 관계인 것이다.

키다리 아저씨 역시 주디로부터 받는 도움이 있었다. 사실 그는 처음 고아원에서 주디를 보았을 때부터 주디를 사랑하고 있었는지도 모른다. 그러나 그때는 주디가 어리고 성장해야 하는 시기였으므로 멀리서 자신이 줄 수 있는 도움을 주며 키다리 아저씨가 되어 주었던 것이다. 그리고 점점 성정해 나가는 주디를 보며 삶의 행복과 기쁨을 느꼈을 것이다. 이러한 협력관계는 결국 키다리 아저씨 이야기가 해피엔딩으로 끝나는 것처럼 해피엔딩을 맞이하게 마련이다. 그런 점에서 키다리 아저씨와 주디는 한쪽이 일방으로 돕는 관계가 아니라 서로를 돕는 협력관계임을 알 수 있다.

현재가 너무 어렵고 힘든 사람은 나에게도 혹시 키다리 아저씨가 나타나지 않을까, 하는 기대를 한다. 그러나 그런 기대는 여지없이 무너지고 만다. 왜 주디에게는 키다리 아저씨가 나타나는데 나에게는 키다리 아저씨가 나타나지 않는 걸까?

『키다리 아저씨』에서 주디는 사람을 끄는 매력이 있었다. 비록 고아원에서 자랐지만 항상 긍정적이고 낙천적인 성격을 가지고 있었으며, 환경에 굴복하지 않고 고난과 어려움을 이겨내는 강한 의지를 갖고 있었다. 또 키다리 아저씨의 도움을 받으면서도 그것을 당연하게 여기지 않고, 스스로의 힘으로 성장하려는 모습을 보여주었다. 주디는 지적이고 호기심 많은 성격, 상상력과 창의성 등을 바탕으로 성장과 성숙을 이루어내었다. 이것은 주디가 자신이 살아가는 방식과 방향을 스스로 결정하는 강한 의지를 갖고 있었기 때문에 나타난 결과다. 주디는 이러한 내면을 가지고 있었기 때문에 키다리 아저씨를 끌어당길 수 있었던 것이다. 늘 부정적이고 세상을 비판하며 염세적으로 살아가는 사람에게 키다리 아저씨는 절대 나타나지 않는다.

주디처럼 키다리 아저씨를 만나기 위해서는 나 자신의 변화가 우선이다. 어떻게 나 자신을 변화시킬 것인가? 내면의 고민에서 얻은 답이 바로 내가 키다리 아저씨가 되는 것이었다. 키다리 아저씨가 된다는 것은 남을 도우려는 마음이 생긴다는 것을 뜻한다. 적어도 남을 도우려는 마음을 갖기 위해서는 먼저 자기 중심적 자아에서 벗어나야 한다. 즉 내면적 성숙이 이루어져야만 가능한 일이다. 이를 위해 자기 혁신이 필요하며 변화를 향한 도전이 필요하다. 자신의

능력 폭발

내면을 완전히 뜯어고치는 작업이 필요한 것이다. 필자의 성장은 이러한 결심부터 시작되었다고 해야 할 것이다. 나 자신의 우물 안에 갇혀 있으면 절대 성장이 일어나지 않는다. 남을 존중하는 시선이 생길 때, 남과 협력하려는 시선이 생길 때, 남을 도우려는 시선이 생길 때 비로소 자기 중심성이 깨지고 변화의 물결이 일어나기 시작한다.

자신을 성장시키고 싶을 때 혼자서 낑낑대는 것보다 더 효과적인 방법은 남을 돕는 것이다. 남을 돕다 보면 혼자 공부하는 것보다 더 빠르고 깊은 성장이 일어난다. 가르치는 것보다 더 훌륭한 배움은 없다는 말이 있다. 가르치기 위해서는 먼저 자신이 가르치고자 하는 내용을 완벽하게 이해하고 소화해야 한다. 그래야 다른 사람에게 무엇인가를 설명할 수 있기 때문이다. 그리고 가르치는 과정에서 새로운 통찰이나 아이디어를 얻을 수 있다. 무엇보다 가르치는 과정에서 배우는 사람들로부터 예상치 못한 새로운 관점이나 아이디어를 얻기도 한다. 이런 이유로 "가르치는 것보다 더 훌륭한 배움은 없다"는 말이 나온 것이다. 스스로 키다리 아저씨가 된다는 것은 바로 이러한 의미가 내포되어 있다.

혹 당신도 키다리 아저씨를 기다리고 있는 사람이라면 이제는 키다리 아저씨가 되겠다는 결심을 해보는 것이 어떨까? 만약 누군가에게 키다리 아저씨가 되어 준다면 그 누군가로부터 많은 배움과 행복을 얻을 수 있을 것이다.

16

인간관계 공부

다름을 인정하고 미소지어라

꿈이 있는 사람이라면 누구나 내가 생각하는 닮고 싶은 사람, 즉 롤모델이 있을 것이다. 당신의 롤모델은 누구인가? 가까운 사람일 수도 있고 역사적 인물일 수도 있다. 그중에 가장 압도적인 대상은 아마도 현재 성공가도를 달리고 있는 사람일 가능성이 높다. 하지만 단지 돈을 많이 벌었다고 해서, 높은 지위에 올랐다고 해서 롤모델이 되는 것은 아니다.

사람들이 롤모델을 생각할 때 그 사람의 됨됨이, 즉 성품에 집중하는 모습을 보게 된다. 왜 그럴까? 결국 인생을 성공적으로 살기 위해서는 사람들과 좋은 관계를 맺는 것이 필수이기 때문이다. 좋은 인간관계 없이 성공에 오르기도 힘들지만 혹 오른다 하더라도 오래 지속하기 힘들다. 결국 인생의 여정에서 성공의 여정에서 좋은 인간관계는 필수로 떠오른다. 그 좋은 인간관계의 핵심이 성품이기 때문에 사람들은 롤모델을 정할 때 성품을 보는 것이다.

우리는 사람 때문에 일을 시작하기도 하지만 사람 때문에 일을 그만 두기도 한다. 이처럼 인간관계는 우리의 일에서 무엇보다 중요하다. 그런데 우리는 일에 대한 공부는 하지만 사람에 대한 공부는 거의 하지 않는다. 아무리 박사학위가 있는 사람이라 할지라도 자기 분야의 전문가이지 사람에 대한 전문가는 아니다. 진짜 중요한 건 사람인데, 진짜 중요한 결정은 사람 때문에 하는 것인데, 우리가 공부하고 에너지를 쓰는 대부분은 일에 집중되어 있다. 사람 공부는 거의 하지 않는다. 이것은 우리가 다시 생각해 보아야 할 문제다.

아무리 일이 힘들어도 사람이 좋으면 버틸 힘이 생긴다. 그런데 아무리 일이 쉬워도 사람이 싫으면 다 싫어진다. 사람들이 이직하고, 퇴사하며 독립을 하는 여러 가지 이유들 가운데 인간관계는 매우 큰 부분을 차지하고 있다는 사실은 모두가 알고 있다. 따라서 인생을 성공적으로 살기 위해서는 반드시 사람 공부를 해야 한다. 사람은 사회적 관계 속에 살고 있으므로 사람 공부란 바로 인간관계 공부를 뜻한다.

다음 사진을 보라.

　이것은 앞모습일까, 옆모습일까? 처음 보면 옆모습 같지만 다시 보면 반쪽짜리 앞모습이 보인다. 도대체 앞모습이 맞는 것일까, 옆모습이 맞는 것일까? 우리는 같은 시간, 같은 공간에서 같은 그림을 보면서도 누군가는 앞모습이다, 누군가는 옆모습이다 라고 말한다. 과연 누구 말이 맞는 걸까? 사실 이 사진에서 맞고 틀리고는 없다. 보는 방향에 따라 맞기도 하고 틀리기도 하기 때문이다. 이러한 혼란은 단지 이 사진에서만 나타나는 것이 아니라 우리의 현실에서도 나타난다. 같은 사건을 놓고서 서로 다른 이야기를 하는 경우가 태반이다.

　우리는 어렸을 때부터 틀린 그림 찾기를 많이 했었다. 그런데 사실은 다른 그림 찾기가 맞는 말이다. 어렸을 때부터 무의식적으로 그림이 다르면 틀린 그림, 생각이 다르면 틀린 생각, 말이 다르면 틀

능력 폭발

린 말이라는 이분법적 사고에 길들여져 왔기에 다른 것에 대해 틀린 것이라고 오해하는 경향이 강하게 나타난다. 인간관계에서도 마찬가지다. 나는 맞고 너는 틀렸어, 라고 착각하는 경우가 많다. 하지만 인간관계에서 우리가 하는 판단 역시 앞의 그림에서 하는 판단과 비슷하다고 볼 수 있다. 나는 맞고 너는 틀린 것이 아니라 보는 방향에 따라 서로 다른 생각을 할 수 있는 것이다.

부하 직원이 잘못했을 때 상사는 부하에게 화를 내며 손가락질을 한다. 이때 부하는 잘못했다고 받아들이는 것이 아니라 속으로는 '너는 얼마나 잘하는데…'라며 방어기재가 발현되는 경우가 많다는 사실을 알아야 한다. 또 상사의 손가락 하나는 부하를 가리키지만, 나머지 세 손가락은 자기 자신을 가리키고 있다는 사실을 알아야 한다. 이는 내가 한 번 상대방을 비난할 때 세 배의 비난을 받을 수 있다는 것을 뜻한다. 이러한 현상 역시 상황을 맞고 틀림으로 받아들이기에 일어나는 비극이다.

우리는 틀림과 다름을 구분할 수 있어야 한다. 이것은 인간관계에 있어 매우 중요한 부분이다. 만약 다름을 배우게 된다면 상대를 틀렸다고 정죄하지 않을 수 있기 때문이다. 다음 여인의 사진을 보자.

어떤 느낌이 드는가? 지적이지만 조금은 차가운 느낌이 들 것이다. 그렇다면 아래의 사진을 보자.

능력 폭발

따뜻하게 웃는 얼굴의 사진을 보면 어떤 느낌이 드는가? 당신은 어떤 사람과 함께 있고 싶은가? 아마도 웃는 얼굴의 사람일 것이다. 사람은 다 똑같다. 다른 사람도 내가 차갑고 냉정한 모습일 때가 아닌 웃는 모습일 때 내 옆에 있고 싶어할 것이다.

내가 똑똑하고 내가 잘나고 내가 잘하는 것도 중요하지만 그것보다 더 중요한 건 그런 사람들을 내 옆에 있게 만드는 것이다. 내 옆에 많은 사람들이 있으려면, 좋은 인간관계를 맺으려면 미소를 지어보라. 세상에 웃는 얼굴처럼 아름다운 얼굴은 없다. 얼굴은 우리의 고유어로서 그 사람의 얼이 담긴 꼴이라는 의미다. 그래서 그 사람의 정신을 얼굴을 통하여 알 수 있는 것이다. 얼굴만 보면 저 사람이 나에게 어떤 생각을 갖고 있구나, 나에게 어떤 마음을 품고 있구나를 느낄 수 있다.

얼굴과 낙하산은 펴져야 산다는 공통점이 있다. 또한 안 펴지면 죽는다는 공통점이 있다. 미소는 상대방을 위한 최고의 서비스이기도 하지만 사실 자신을 위한 최고의 선물이기도 하다. 미소 지을 때 그 웃음의 복이 자신에게 돌아온다. 지금 자신의 모습이 차갑고 냉정하다고 의기소침할 필요가 없다. 미소짓는 연습을 하면 되는 것이다. 거울을 보면서 어떻게 미소지을 때 가장 매력적으로 아름다워 보이는지 그 미소를 연습해야 한다.

필자도 무의식중에 찍힌 사진을 보면 뚱하고 무뚝뚝한 표정의 모습이라 놀랄 때가 있다. 이럴 때 우리는 '내가 평소 이런 표정을 짓고 살고 있구나' 하고 깨달아야 한다. 사람들이 나이를 먹으면 표정이 굳어지게 마련이다. 그만큼 삶의 질곡이 만만치 않기 때문이다. 나도 모르게 얼굴 근육들이 굳고 생각과 마음까지 굳어지기 때문에 나도 모르게 뚱하고 무뚝뚝한 표정이 되어가는 것이다. 사람은 가만히 놔두면 차갑고 무표정한 인상이 되는 것이 정상적 흐름이다. 가만히 있는다고 얼굴이 편안해지고 미소를 짓게 되는 것이 아니다.

그렇다면 어떻게 해야 할까? 의지적으로 의식적으로라도 미소짓기 위해 노력해야 한다. 상대방과 대화할 때뿐만 아니라 평상시 혼자 있을 때도 순간순간 나 스스로에게 미소지어 주기 위해 노력해야 한다. 낙하산을 생각하며 얼굴을 안 피면 죽는다는 각오로 순간순간 자신의 굳은 얼굴을 피기 위해 노력해보라. 빵긋빵긋 미소를 지어보고 큰 소리로 웃어도 보라. 미소지을 일이 있어 미소짓는 것이 아니라 의지적 노력으로 미소지어야 한다.

좋은 인간관계를 갖는 사람이 되고자 한다면 지금까지 이야기한 두 가지 지침을 훈련해야 한다. 첫 번째는 다름을 인정하는 것이고, 두 번째는 미소 짓는 것이다. 이렇게 다름을 인정하면서 미소를 짓는 것은 사람들과 좋은 인간관계를 맺기 위한 가장 기본적인 요소다.

능력 폭발

17

휘둘리지 않는 관계

자기결정성 이론

　자기결정성 이론이라는 게 있다. 이것은 에드워드 데시와 리차드 라이언이 1975년 수립한 이론이다. 필자는 인간관계 콘텐츠를 개발하는 가운데 이 자기결정성 이론을 바탕으로 우리만의 자기결정성 이론을 만들었다. 자기결정성이라는 게 말 그대로 자기가 결정한다는 의미인 것인데 이것이 인간관계와 어떤 관계가 있는 것일까?

　이에 대한 이해를 돕기 위해 필자의 과거 경험을 떠올려 보겠다. 그 당시에는 정말 힘들었지만 이제는 이렇게 하나의 저술 소재가 되는 것이 인생인가 보다.

　사회 초년 시절에 사귀던 친구가 있었는데 서로 다툰 적도 없이 잘 지내는 편이었다. 그러던 어느 날 이 친구가 갑자기 고시를 보겠다고 하길래 한번 해보라고 했다. 옆에서 보기에도 열심히 하기에 직장생활을 하던 필자는 서포트하는 의미로 맛있는 거 사 먹으라고 필자의 카드를 그 친구에게 주기도 했다. 그 친구는 정말 열심히 공부했고 그 결과 수석 합격까지 했다. 나도 기분이 너무 좋았고 어려운 시간을 이겨냈으니 이제 좋은 순간들만 오겠다는 기대를 하기도 했었다. 그런데 이 친구가 대학 마지막 학기 방학 때 UC버클리 교환학습 프로그램에 가보고 싶다고 했다. 필자는 임용되고 나면 외국 나가기가 쉽지 않으니 기회가 있을 때 다녀오라고 권유도 해 주었다. 심지어 그 친구가 돈이 없다고 하기에 프로그램 참가비까지 10개월 할부로 끊어줬다. 그런데 공부를 하고 돌아와서 필자에게 처음 한 말이 "오빠, 나 좋아하는 사람 생겼어"였다. 믿어지지 않았다. 그전까지는 '사람이 어떻게 사람을 해칠 수 있어'라고 생각했지만 그때 심정은 정말 그 친구를 해치고 싶을 정도로 분노가 치밀어 올랐다. 다행히 시간이 지나면서 망각 곡선에 의해 분노가 가라앉았지만, 매달 25일이 문제였다. 프로그램 참가비 10개월 할부로 끊었던 것을 결제하는 날이었기 때문이다. 그 인간들의 시시덕거리는 모습이 떠올라 분노가 치밀었다. 내가 왜 이 돈을 갚고 있어야 하는지 생각하면 할수록 억울하고 내 자신이 초라하고 바보처럼 생각되었다. 처음에는 그 인간들이 싫었지만, 시간이 갈수록 이따위로 살고 있는 나 자신이 싫어졌다. 자기 비하, 자괴감 속에서 너무너무 지옥 같은 고통스러운 시간을 보내야 했다. 배신의 고통이 이토록 무서운 것이다.

단테 신곡에 보면 단계별로 지옥이 표현되어 있는데 더 깊은 지

능력 폭발

옥으로 내려갈수록 더 큰 고통이 기다리고 있다. 그리고 지옥의 가장 밑바닥이 배신의 지옥인데, 실제 배신을 당해보니 왜 배신이 가장 큰 고통인지 실감하게 되었다. 배신을 당하고 가장 무서운 것은 다른 사람이 무슨 이야기를 해도 믿지 못한다는 것이다. 또 사기 당하면 어떻게 하지 라는 생각에 경계하고, 마음을 열지 못하고, 누군가의 선의도 선의로 느끼지 못하는 삶을 살고 있는 나 자신을 볼 수 있었다. 배신은 사람의 마음을 살인하는 행위이기에 단테는 가장 위중하게 표현을 했던 것이다.

그 시절 필자의 마음은 오직 화로 꽉 차 있었던 것 같다. 오죽하면 잠도 안 자고 밥도 안 먹고 있다가 누가 차선 침범하는 놈만 나타나면 확 들이받고 싶은 충동까지 들 때도 있었다. 화가 나면 사람이 어디까지 악해질 수 있는지 절실히 알 수 있던 시기였다. 그런데 이 지점에서 한번 생각해 볼 것이 있다. 화는 왜 나는 걸까? 화가 누구 때문에 나는 것인가? 언뜻 보기에 당연히 그 인간들 때문에 난다고 생각할 수 있다. 하지만 화는 내가 내고 있다. 왜? 그 당시 내가 결정한 일 때문에! 이 부분이 중요하다. 여기에서 앞에서 이야기한 자기결정성 이론에 대한 단서가 나온다.

사람은 그 순간, 그곳에서 자기에게 가장 합리적이고 가장 유익한 결정을 하게 되어 있다. 그때 내가 결정한 것은 친구의 결정 때문이었다. 내가 왜 친구의 결정에 의해 결정 당하며 살고 있어야 되는가?

나는 왜 그 사람의 결정에 의해 내 인생이 영향을 받으면서 살고 있어야 되는가 말이다. 그 친구가 그렇게 결정을 했지만, 그걸로 인해서 화를 내기로 결정한 건 나인 것이다. 이것이 바로 감정의 자기결정성이다.

상대방이 어떤 결정을 하든지 그것은 그 사람의 결정이지 내 인생이 아니다. 그 사람의 인생과 내 인생은 따로 있다. 그 사람이 그 결정을 했고 나는 그걸로 인해 또 다른 나의 결정을 해야 하는 것이다. 이 부분을 이해해야 한다. 그 사람과 내가 연관되어 있지만 서로가 내린 결정은 같은 결정이 아니다. 그런데 많은 사람이 그 결정을 나의 결정으로 생각하면서 고통스러운 삶을 살고 있다. 그 친구의 결정이 왜 나의 결정으로 결정되어야 하는가. 그 사람의 선택이 왜 나의 선택으로 결정되어야 하는가.

누구도 남에게 조정받는 삶을 살고 싶어 하지 않는다. 내 인생은 내 뜻대로 살고 싶은 본능이 있기 때문이다. 그런데 왜 그 부분에 있어서만큼은 그 사람의 결정에 의해 내 인생이 결정 당해야 하느냐는 것이다. 우리에게는 누구에게나 기회가 있다. 신이 우리에게 그 기회를 준 것이다. 아무리 절망적 상황이라도 나는 절망적으로 살지 않도록 결정할 수 있는 기회가 있다는 것이다.

필자는 그것을 1년이 지난 시점에 결정을 했다. 내 감정의 자기 결정권, 내 인생의 자기 결정권을 내가 스스로가 결정하기로 결정한 것이다. 물론 매달마다 결제하는 동안은 정신이 없었지만 시간이 어느 정도 지나면서 '내가 왜 그 친구 때문에 내 시간을 이렇게 보내고 있어야 돼, 내가 왜 그 친구 때문에 나의 소중한 젊음을 이렇게 남을 원망하고 슬퍼하고 폐쇄적으로 보내고 있어야 돼'라는 생각을 하게 된 것이다.

그때부터 '너의 결정은 거기까지, 내 결정은 이제부터'라는 생각을 하게 되었다. 내 인생은 내가 결정하기로 결심한 것이다. 그때 필자가 결정한 것은 나도 새롭게 시작하자는 것이었다. 그래서 마음을 열고 누군가를 만나기로 결심한 순간에 지금의 와이프를 만날 수 있었다. 그리고 만난 지 두 달 반 만에 결혼에 골인했다. 비로소 내 인생의 결정을 내가 한 것이다. 평생 남을 믿지 못하고 살아갈 것만 같았던 내가 인생에 있어 가장 중요한 결혼을 결정한 것이다.

이후로 어떻게 되었을까? 아들 셋 낳고 잘 살고 있다. 아내는 내 삶의 가장 큰 협력자로 정말 소중하게 살아가고 있다. 물론 남들처럼 부부싸움도 하고 순간순간 위기가 올 때도 있었다. 심지어 아내로부터 이혼서류를 받기도 했었다. 그때 나도 화가 났지만 아내의 결정에 의해 내 감정이 결정 당하지 않아야 한다고 생각했다. 그 사람의 잘못된 결정을 내 인생의 잘못된 결과물로 받아들이지 않아야 한다고 생각한 것이다. 그때 이혼서류는 내가 사인을 해야 성립되는 것이었다. 모든 인생이, 인간관계가 그렇다. 상대방이 한 걸로 모든 게 귀결되지 않는다. 상대방은 이혼하겠다고 결정하지만 나에게는 이혼하지 않겠다는 결정을 할 기회가 있다. 그때 나는 이혼하지 않겠다는 결정을 했고 지금 행복하게 잘 살고 있는 것이다. 만약 그때 내가 아내의 결정에 휘둘렸다면 오늘의 행복은 없었을 것이다.

인생을 살다보면 정말 말도 안 되게 휘몰아치고 더럽게 만들고 힘들게 만드는 경우들이 있다. 이때 중요한 건 너는 그렇다 할지라도 나는 그렇게 하지 않을 거야, 라고 결정하는 것이다. 이것이 자기결정성이다. 남에게 휘둘리지 않고 주체적으로 결정하는 권리가 바로 자기결정성인 것이다.

"내가 왜 너 때문에 이 좋은 사람들과 좋은 시간 보내는 걸 포기해야 돼."

"왜 너 때문에 내가 이 사업 열심히 잘하고 있는데 더 좋은 기회를 포기해야 돼?"

이런 말들이 바로 자기결정성을 대표하는 문장이다. 문제의 크기는 정해져 있지만 나의 크기는 내가 정할 수 있다는 것이 바로 자기결정성이다. 아무리 내 인생에 데미지를 주고 누군가가 내 삶을 위협하더라도 내가 더 큰 사람이 되면 되는 것이다. 내가 더 강한 사람이 되면 되는 것이다. 내가 더 포용력 있는 사람, 내가 더 용서해줄 수 있는 사람이 되면 되는 것이다.

윈스턴 처칠은 "짖는 개를 볼 때마다 멈추면 원하는 곳에 가지 못한다"는 유명한 말을 남겼다. 개는 짖어라, 나는 간다는 마음으로 나아가는 것이 바로 자기결정성인 것이다.

보통의 마음으로 자기결정성을 가지기란 쉽지 않다. 조금만 마음을 놔 버리면 남에게 휘둘리는 습관이 몸에 배어 있기 때문이다. 남이 나를 공격해 오더라도 휘둘리지 않고 자기결정성을 가질 수 있기 위해서는 내가 남보다 더 커야 한다. 큰 사람은 작은 사람에게 휘둘리지 않기 때문이다. 내가 거인이 되면 누가 뭐라든 자기결정성으로 주체적인 삶을 살아갈 수 있게 된다.

그렇다면 이러한 자기결정성은 인간관계에 어떤 영향을 미칠까? 결론적으로 자기결정성이 있으면 인간관계가 좋아진다. 이것은 역으로 인간관계가 어떨 때 나빠지는지 알아보면 답이 나온다. 남에게 휘둘릴 때 스트레스 받고 부딪치며 싸움이 일어난다. 하지만 자기결정성으로 나아가면 일단 남에게 휘둘리지 않으므로 싸울 일이 없어진다. 또 자기결정성은 항상 최선의 선택을 하려고 하기 때문에 좋은 인간관계를 유지하게 된다.

자기결정성을 갖기 위해서는 나 자신의 내공을 키워야 한다. 마인드를 강화하기 위한 노력을 해야 한다. 여기에 긍정적 문구 낭독 등을 통한 자기 암시의 방법도 사용될 수 있다. 이 책에서 제시하는 방법들 하나하나가 다 자신의 내공을 키우는 방법들이다. 이렇게 내공을 쌓아나가다 보면 먼저 감정 관리가 되기 시작한다. 감정에 종속되는 삶이 아니라 누군가의 감정에 쫓아가는 삶이 아니라 그들의 감정과 내 감정을 분리할 수 있게 되는 것이다. 이것이 감정의 자기결정성이다.

내공이 쌓이면 이제 강력한 스트레스들도 컨트롤할 수 있게 된다. 나에게 다가오는 스트레스를 스트렝스(강점)로 만들어 버릴 수 있다. 스트레스에 대하여 이렇게 반응해 보라. '내가 진짜 너무 힘들지만 이걸로 인해서 내가 엄청 강해지는구나' 라는 식으로! 이것은 패러다임을 바꾸는 작업이다. 이때 생각보다 말로 표현하는 것은 더 강력한 힘을 발휘한다. 내공이 쌓여 스트레스에 강해지면 말부터 달라진다. 말을 잘하게 되며 좋은 말, 따뜻한 말, 부드러운 말을 하게 된다. 표현력이 좋아지는 것이다. 그러면 인간관계는 무조건 좋아진다. 왜냐하면 인간관계는 다 말로 이루어져 있기 때문이다. 이것이 바로 마스터마인드협회에서 말하는 인간관계의 자기결정성 이론이다. 내 인생, 내 감정을 내가 결정하는 것이 자기결정성 이론의 핵심이다.

협력자들과 어떤 협력을 할 수 있는지 구체적으로 상상하기

1. 가정(Home) – 가족 및 주변인과의 협력의 요인은?

주요 협력자	
	배우자
	부모
	자녀
	친척
	이웃

2. 사업장(Workplace) – 업무 및 운영 협력의 요인은?

주요 협력자	
	동료
	상사
	고객
	협력업체
	투자자

능력 폭발

3. 친구(Friends) – 인간관계 및 정서적 협력 요인은?

주요 협력자

어린 시절 친구

직장 동료

취미 및 동호회 친구

멘토 및 조언자

온라인 친구

4. 커뮤니티(Community) – 지역 및 사회적 협력 요인은?

주요 협력자

지역 주민

지역 단체

종교 기관

자원봉사자

학교 및 교육 기관

5. 나의 최고의 협력자는 누구인가?

Part 5

—

초월적
성공

나를 넘어 세상을 위한 영향력

18

성공의 새로운 정의
돈을 초월한 진정한 성공

사람들은 대개 성공이라 하면 사회적으로 인정받는 뭔가를 이뤄낸 것을 떠올린다. 어떤 일을 해서 남들보다 돈을 많이 벌었다거나 명문대나 고시 등에 합격했다거나 좋은 직장에 들어갔다거나 높은 지위에 올랐다거나… 등이 오늘날 우리나라 사회에서 성공으로 인식되는 것들이다. 오늘날 우리나라 사회는 이러한 성공에 매몰되어 살아가는 모습이다. 하지만 이러한 성공개념은 극소수의 성공자를 만들고 다수의 실패자를 만들어내며 빈익빈 부익부를 심화시켜 사회를 양극화로 악화시키는 원인을 제공하기에 바람직한 성공개념이라고 할 수 없다.

필자는 이 부분에 고민하며 새로운 패러다임의 성공개념이 나와야 한다는 생각을 하게 되었다. 그래서 나온 것이 '성공시키면 성공한다'는 개념이다. 성공시키면 성공한다는 말은 어떤 의미일까? 우리는 기브 앤 테이크의 개념을 잘 알고 있다. 합리적인 방법이라 생각할 수 있지만 사실 기브 앤 테이크 때문에 종종 분쟁이 나기도 한다. 사람들은 기브를 할 때 테이크에 더 관심을 두는 성향이 있기 때문이다. 주는 것 자체가 받는 것을 전제로 하는데, 항상 지나고 보면 내가 덜 받은 거 같고 왠지 나만 더 준 거 같은 느낌이 드는 것이다. 그래서 사람들의 심리 상 기브 앤 테이크는 절대 수평적이지 않다. 그렇다면 '성공시키면 성공한다'는 어떨까? 이 역시 수평적이지 않다. 하지만 성공시키면 성공한다는 오히려 반대 원리가 작동한다. 이것은 비중이 기브 쪽에 더 가 있기 때문이다.

성공시키면 성공한다의 개념을 가장 잘 이해하는 방법은 운동경기에서 코치를 생각해 볼 수 있다. 코치는 선수를 성공시키기 위해 존재하는 직업이다. 코치는 선수가 최상의 컨디션과 실력을 내어 경기에서 승리할 수 있도록 돕는다. 그래서 선수가 우승의 영광을 얻으면 코치도 덩달아 승리자가 되는 것이다. 선수를 성공시킴으로써 코치도 성공자가 되는 것이다. 성공시키면 성공한다의 성공개념은 그동안 우리가 정의해왔던 성공의 개념을 초월하는 새로운 패러다임의 성공개념이다.

그렇다면 '성공시키면 성공한다'의 성공개념에서 가장 중요하게 작동하는 내용, 즉 콘텐츠는 무엇일까? 그것은 자신의 능력을 쓰면서 살아가는 사람이 성공적인 삶이라는 새로운 개념이다. 이것은 기존

능력 폭발

의 돈 많이 벌거나 사회적 지위를 얻는 게 성공이라는 기준을 뛰어넘는 초월적 개념이라는 데에서 의미 있는 측면이 있다. 왜냐하면 이러한 성공개념이 자리 잡으면 기존의 성공개념이 갖고 있는 부정적 측면을 긍정적으로 되돌릴 수 있는 힘이 작동할 수 있기 때문이다.

왜 자신의 능력을 쓰면서 살아가는 것을 성공적인 삶이라고 할 수 있을까? 세상에 많은 사람은 태어나 평생을 살면서 자신에게 주어진 능력을 10%도 쓰지 못한 채 살아가고 있다. 나머지 90% 이상은 잠재 능력으로 내재되어 있기 때문이다. 생각해 보라. 이것은 마치 자신에게 주어진 돈이 100억이나 있는데 10억도 못 쓰고 죽는 것에 비유할 수 있다. 세상에 한 번 태어나 사는 것인데, 자기에게 주어진 것을 다 쓰지 못하고 평생 돈버느라 일만 하다가 생을 마감하는 것처럼 애석한 삶은 없을 것이다. 그런데 어떤 사람이 이 잠재 능력을 개발하여 그 능력을 쓰면서 살아간다고 생각해 보라. 그 능력은 당연히 자신의 성공에도 도움을 주겠지만, 우리 사회에도 그 능력이 유익하게 사용되어 사회발전에도 기여하게 될 것이다. 이보다 더 성공적인 삶이 있을까? 그런 의미로 자신의 능력을 쓰면서 살아가는 것이 곧 성공적인 삶이라고 정의했던 것이다.

자신의 잠재 능력을 개발하고 사용하게 되면 당연히 지금의 상황을 더 좋게 할 것이므로 지금보다 훨씬 돈도 더 벌게 되고 관계도 더 좋아지며, 그 결과 존경도 받고 명예도 생기게 될 것이다. 역으로 자신의 능력을 안 쓰고 살아가니까 돈도 없고 명예도 없이 살아가는 것이다. 이것은 지금까지의 성공개념보다 훨씬 본질적인 차원의 이야기다.

'성공시키면 성공한다'의 성공개념은 협력자의 개념으로 발전된다. 내가 먼저 성공자가 되는 것이 아니라 다른 사람을 먼저 성공시켜 주는 협력자가 되는 것이다. 여기서 협력자란 그 사람의 능력을 쓰게 해주는 사람이다. 여기에서 능력이 모든 것의 기준점이 된다는 사실에 주목하라. 필자가 하고 있는 일은 바로 협력자가 되어 많은 사람의 잠재된 능력을 사용할 수 있게 해주는 것이다. 마스터마인드 협회의 성공인 강의에서 주로 하는 수업 내용이 바로 사람들의 잠재능력을 개발하고 사용할 수 있게 해주는 일이다.

만약 아직까지 당신의 성공개념이 기존의 개념에 머물러 있다면 성공의 패러다임을 바꾸기 위해 노력해 보라. 자신의 능력을 쓰면서 살아가는 삶이 성공적인 삶이라는 개념은 완전히 초월적 개념이다. 돈 많이 벌었다, 건물주가 되었다 등은 성공의 절대 기준이 아니다. 이것은 여러 가지 성공개념 중 하나에 불과하다. 많은 사람이 여기에 너무 전도되어 있기 때문에 성공이 힘들고 역으로 패배주의를 낳는 원인이 되고 있다.

모든 사람이 돈을 버는 것에 혈안이 된 세상이다. 하지만 우리 인생은 돈이 목적이 아니라 돈을 가지고 무엇을 할지가 더 중요하다는

능력 폭발

사실을 모두가 알고 있다. 어렵게 번 돈을 의미 있는 곳에 잘 쓰는 일보다 더 중요한 일은 없다. 의미 있는 곳에 돈을 잘 쓴다는 것은 단지 어려운 사람을 돕는 일에 더하여 좋은 일을 많이 하고 좋은 생각을 많이 하며 좋은 사람들을 많이 만나고 그러면서 내 안에 어마어마한 인사이트와 경험을 얻는 것까지를 뜻한다. 그렇게 우리의 능력들이 증진되고 그 능력을 사회를 위해 좋은 곳에 쓰이는 것이 곧 돈을 의미 있는 곳에 잘 쓰는 것이다.

아무리 어마어마한 돈을 벌었을지라도 그 돈을 안 쓰고 죽는 사람들은 불쌍한 사람이다. 그보다 더 불쌍한 사람은 자신에게 어마어마한 능력이 있는 지도 모르고 죽는 사람들이다. 이 때문에 내 인생이 성공적인 삶이냐 성공적인 삶이 아니냐라는 기준점이 자신의 능력을 쓰느냐 쓰지 않으냐에 달려 있다고 하는 것이다.

필자는 필자가 제안하는 새로운 패러다임의 성공개념이 세상에 전해지기를 바란다. 이러한 성공개념이 세상의 패러다임으로 자리잡을 때 세상이 달라질 것을 기대하기 때문이다. 정리하면 능력을 쓰는 것이 곧 성공이고, 그 능력을 쓰게 도와준 사람이 진정한 인생의 협력자다. 그리고 진정한 인생의 성공자라 할 수 있다.

19

위기 관리 능력
진정한 리더의 책임과 도전

인간은 어떤 고도의 압박과 위기에 직면했을 때 자신도 모르게 신체적, 정신적 능력이 극대화되는 상황이 일어난다. 이러한 현상이 나타나는 이유로 첫 번째 스트레스 반응을 들 수 있다. 인간은 위기 상황이나 극한의 상황에 직면했을 때 '투쟁 또는 도피 반응(fight-or-flight response)'이 일어난다는 사실이 밝혀졌다. '투쟁 또는 도피 반응'이 일어나면 자율신경계가 활성화되며 심박수 증가, 아드레날린 분비, 혈류 증가 등이 일어나면서 신속하게 위기 상황에 반응할 준비를 하게 된다. 여기에서 주목할 것은 자율신경계의 활성화다. 자율신경계란 자신의 의지와 상관없이 스스로 작동하는 신경으로 자율신경계가 활성화될 경우 자신의 능력 이상의 능력이 나올 수도 있다.

이렇게 극한 상황에서는 우리 몸과 마음이 준비되면서 평상시 가지고 있던 신체적, 정신적 한계를 뛰어넘을 수 있는 상태가 된다. 극한 상황은 이전에 경험하지 못한 새로운 경험이기 때문에 평소에 사용하던 능력으로는 대처할 수 없다. 따라서 이때에 평소 사용하지 않던 잠재 능력을 끌어내서라도 자신의 능력을 최대한 발휘하려 하게 된다. 이 때문에 사람이 극한 상황에서는 놀라운 초능력이 나오곤 하는 것이다.

또한 극한의 상황에서는 초 긴장감으로 인해 집중력이 크게 증가하게 된다. 집중력이란 한 가지 일에 몰입하는 능력을 뜻한다. 사람은 한 가지에 몰입할 때 놀라운 능력이 생기며 이를 통해 일상에서는 불가능해 보였던 것들을 실현할 수 있는 힘이 생긴다. 이때 뇌의 신경 가소성이 촉진되어 빠르고 효율적인 방식으로 문제를 해결할 수 있도록 뇌 신경이 작동하기 시작한다. 이렇게 극한 상황에서는 우리의 뇌와 신체가 극한의 상황을 이겨낼 수 있도록 변화하는 일이 일어난다. 그래서 기존의 신체적, 정신적 한계를 넘어선 새로운 능력을 발휘하는 놀라운 일이 일어나게 되는 것이다.

극한의 상황에서 잠재 능력이 나타나 문제를 해결하는 경험은 성장의 관점에서 볼 때 매우 중요한 부분이라고 할 수 있다. 극복이 불가능해 보였던 시련을 지나면서 자신에 대한 자긍심을 갖게 될 뿐만 아니라 이러한 과정에서 내면적 성장이 일어나기 때문이다. 이러한 성장은 이후에 나타날 또 다른 극한의 상황에 대처할 자신감을 심어주며, 이렇게 성장이 지속될 때 진정한 리더로 성장해 나갈 수 있다.

여기에서 우리는 진정한 리더의 자질에 대해 생각해볼 필요가 있다. 리더란 맨 앞에서 모임이나 조직을 이끄는 사람이다. 이러한 리더는 아무나 될 수 없다. 맨 앞에서 모임이나 조직을 이끄는 책임을 질 수 있는 사람이 리더가 되어야 하기 때문이다. 만약 리더가 잘못되면 조직 전체를 낭떠러지로 떨어지게 할 수도 있다. 따라서 리더는 모임이나 조직을 책임질 수 있는 능력을 갖춘 사람이 되어야 한다.

이러한 리더의 자질 중 최고 중요한 것은 갈등 상황이나 위기가 발생했을 때 이를 잘 해결할 수 있는 능력이다. 조직이나 단체에 갈등이나 다툼이 일어났음에도 불구하고 리더가 이를 해결하지 못한 채 우왕좌왕 한다면 그는 리더로서 자격이 없다. 리더는 조직이나 단체에 갈등이나 다툼이 일어났을 때 이를 해결할 가장 큰 책임을 지고 있는 사람이다. 이 때문에 갈등을 해결하고 위기 상황을 관리하는 능력은 리더의 자질 중 가장 중요한 덕목이 된다.

리더는 이러한 능력을 갖추기 위해 많은 공부를 해야 하며 남다른 경험도 쌓아야 한다. 하지만 위기관리 능력은 단지 공부나 경험만으로 되는 것은 아니다. 이는 현실을 뛰어넘는 특별한 능력을 필요로 하는 부분이기 때문이다. 평소에는 인정받던 리더가 위기 앞에서는 속수무책으로 무너지는 경우를 많이 보는데, 위기관리 능력이 없기에 일어나는 현상이다. 그가 아무리 뛰어난 명문대를 나왔고 엄청난 커리어를 쌓았다 할지라도 위기관리 능력이 없다면 위기 앞에서 무너질 수밖에 없다.

위기관리 능력은 잠재 능력과 연결되어 있다. 위기관리 능력은 평소 사용하지 않던 잠재 능력이 발현됨으로써 나타나는 능력이기 때문이다. 그런데 이러한 잠재 능력은 극한의 상황에서 더 효과적으로 발현된다. 이것은 잠재 능력을 잘 사용하는 사람들은 극한의 상황을 뛰어넘는 경험을 많이 해봤다는 것을 뜻하고 이는 곧 위기를 돌파하는 경험을 많이 해봤다는 이야기로 이어진다. 이러한 이유로 잠재 능력을 잘 활용하는 사람들은 위기관리 능력이 뛰어날 수밖에 없다. 이로써 우리는 잠재 능력을 활용하는 것이 리더가 갖추어야 할 중요한 자질과 책임 중 하나라는 결론에 이를 수 있다.

리더의 크기만큼 조직의 크기도 결정된다는 말이 있다. 한 조직의 발전이 리더의 역량에 달려 있다는 것을 뜻하는 말이다. 그런데 잠재 능력을 활용하는 리더의 역량은 끝이 없다. 이러한 리더는 계속하여 도전하며 조직을 성장시킨다. 역량이 한정된 리더는 조직이 어느 정도 성장하면 더 이상의 도전을 멈추고 안전지대에 머물러 있으려 한다. 하지만 잠재 능력을 활용하는 리더는 지속적으로 도전하며 조직을 성장시킨다. 안전지대를 허락하지 않는 것이다.

여러 조직이 현대의 빠르게 변화하는 환경에 적응하지 못해 도태하는 경우를 많이 보게 된다. 새로운 변화에 적응하고 이를 이끌어

나가는 도전을 계속해 나가는 것도 리더의 중요한 자질 중 하나라 할 수 있다. 빠르게 변화하는 환경에 적응하기 위해서는 새로운 환경에 적응하기 위한 대대적 혁신이 필요하다. 하지만 기존에 어렵게 쌓아놓은 전통 시스템을 무너뜨리고 새롭게 혁신한다는 것은 쉽지 않은 일이다. 그래서 많은 리더들은 혁신하지 못한 채 과거에 머물러 있으려 하고 그래서 조직이 성장하지 못한 채 점점 도태되는 상황을 겪고 있다.

혁신은 도전이다. 그런 점에서 리더가 도전해야 할 진짜 대상은 혁신이라고 할 수 있다. 혁신하지 않는 기업은 곧 도태한다는 사실을 무수히 보고 있지 않은가. 잠재 능력을 개발한다면 이러한 혁신에도 과감히 도전할 수 있다. 그리고 그 혁신을 성공적으로 이끌 수도 있다. 그만큼 잠재 능력은 무한한 능력을 던져주기 때문이다.

능력 폭발

20

101조 클럽의 꿈

비전을 통해 자신과 세상을 변화시키기

2002년 월드컵을 기억하는 사람들은 붉은악마 응원단이 수놓은 '꿈은 이루어진다'라는 문구를 생생히 기억할 것이다. 그때 우리는 함께 뜨거웠고 함께 행복했다. 대한민국 사람으로서 하나라는 느낌을 가져본 것은 그때가 처음이었을 것이다.

여기에서는 꿈에 관한 이야기를 할 것이다. 필자의 꿈은 101조 클럽을 이루는 것인데 필자를 포함한 101명의 1조 자산가를 만들겠다는 포부다. 1조라는 돈은 평범한 사람이 보기엔 어마어마한 규모다. 당연히 허황된 꿈이라는 이야기가 나올 법하다. 사람들은 자신의 그릇에 맞는 크기의 꿈을 꾸라고 이야기한다. 그러나 필자는 자신의 한계를 뛰어넘는 꿈을 꾸라고 이야기한다. 어떤 것이 맞다고 생각하는가? 여기에서 맞고 틀린 것은 없다. 서로 다른 것이고 각각의 결과가 달라질 뿐이다.

2002년 월드컵 당시 우리의 꿈은 16강이었다. 아니, 사실 그것은 표면적 꿈이었고 실제 속내는 단 1승이라도 하고 싶은 꿈이 있었다. 그전까지 우리나라는 월드컵에서 단 1승도 올리지 못하고 있었기 때문이다. 하지만 히딩크의 꿈은 달랐다. 그는 16강 이상의 꿈을 꾸고 있었고 아마도 4강의 꿈, 나아가 우승의 꿈을 갖고 있었는지도 모른다. 당시 우리나라가 4강에 오른다는 것은 필자의 1조 자산가에 대응할 만큼 너무도 크고 허황된 꿈이었다. 하지만 히딩크는 그런 꿈을 꾸고 있었고 결국 그 꿈을 이루어내었다. 그야말로 꿈은 이루어진 것이다. 만약 그때 히딩크가 가진 꿈의 크기가 우리의 꿈과 비슷했다면 2002년의 기적은 결코 일어나지 않았을 것이다. 히딩크는 우리가 생각하는 상상 이상의 꿈을 꾸었기 때문에 그런 엄청난 결과를 얻을 수 있었던 것이다.

지금 이성을 차리고 당시의 상황을 생각해 보자. 어떻게 우리나라 축구가 월드컵 4강에 오를 수 있었을까? 우리의 실력이 월드컵 4강에 오를 만큼 뛰어났기 때문일까? 아마도 이렇게 생각하는 사람은 많지 않을 것이다. 그렇다면 어떻게 이런 기적을 이뤄낼 수 있었을까? 그것은 바로 우리의 잠재 능력이 발현되었기 때문이다. 다른 월드컵 대회에서는 이러한 잠재 능력이 발현되지 않았는데 왜 유독 그때 잠재 능력이 발현된 것일까? 이 비밀이 바로 히딩크가 가진 꿈의 크기와 관련 있다. 히딩크가 가진 엄청난 꿈의 크기가 우리나라 선수들로 하여금 잠재 능력을 이끌어 낼 수 있었고, 그 결과 세계 최고 수준의 팀과도 대등한 경기를 펼치며 4강이라는 기적을 이뤄낼 수 있었던 것이다.

필자가 꿈의 크기를 크게 가지라 하는 이유가 바로 이 때문이다. 자신의 그릇에 맞는 크기의 꿈을 가지면 좋겠지만 그래서는 잠재 능력을 이끌어 내기가 쉽지 않다. 하지만 상상 이상의 꿈을 가지게 되면 놀랍게도 잠재 능력이 꿈틀대기 시작한다. 드러난 능력만으로는 도저히 그 꿈을 이룰 수 없기 때문에 나타나는 현상이다. 비로소 자신에게 잠재 능력이 있다는 사실을 깨닫고 그 능력이 발현되면 자신을 무한히 성장시킬 수 있다.

큰 꿈을 다른 말로 비전이라고 한다. 그런 점에서 101조 클럽의 꿈은 개인의 꿈을 넘어서는 세계를 향한 비전이다. 꿈이 자신의 욕망을 채우는 느낌이라면 비전은 뭔가 더 큰 세상을 향해 나아가는 느낌을 준다. 이것은 비전이라는 단어가 미래에 대한 희망과 영감을 주기 때문에 나타나는 현상이다. 비전을 품게 되면 나 자신만 꿈틀하는 것이 아니라 세상에도 긍정적 영향을 미치게 된다. 꿈의 크기가 그만큼 크기 때문에 더 많은 사람에게 영향을 주므로 나타나는 현상이다.

꿈을 갖고 싶다면 큰 꿈, 비전을 가져보라. 단지 자신의 욕심을 이루기 위한 꿈에서 나아가 세상에 좋은 영향을 줄 수 있는 그런 큰 꿈을 가져 보라. 1조 원의 자산가가 되는 큰 꿈을 꾸면 단지 나 자신만의 소원에 머물지 않게 된다. 더 많은 사람이 행복해지는 꿈, 이 사회, 세상을 위한 꿈을 꾸게 된다. 그런 큰 꿈을 꿔야 나의 큰 능력이 나온다는 것을 잊지 말기 바란다.

필자의 아버지는 유치원 졸업식 바로 직전에 갑자기 배가 아파서 병원에 갔는데 치료도 제대로 해 보지 못하고 돌아가셨다. 그래서 필자의 어머니는 우리 형제를 키우기 위해 매일 밤늦게까지 일을 했고 우리 가정은 결핍의 상황일 수 밖에 없었다.

하지만 필자는 20대가 되고 나폴레온 힐의 『놓치고 싶지 않은 나의 꿈 나의 인생』을 읽고 깨달았다. '아, 나 자신의 능력을 계발하면 내 삶이 계발될 수 있구나'하고 깨달았고 그런 삶을 살기로 결심을 했다. 꿈을 꾸는 데는 돈이 들지 않는다. 꿈을 꾸고 노력하면 길이 열린다.

필자는 회사에다가 침낭을 갖다 놓고 직장 생활을 했었고, 강의를 한다 하더라도 남들과 똑같은 강의를 해서는 내가 꿈꾸는 자리에 있을 수 없기에 더 많은 노력을 했다. 나의 환경은 불우하고 결핍 투성이였지만 그것은 필자가 꿈을 꾸고 나아가는 데 아무런 걸림돌이 되지 않았다. 그리고 나의 환경은 지금 와서 돌아보면 오히려 감사한 일이다. 과거의 결핍이 큰 용수철이 되어 나를 튀어오를 수 있게 만

능력 폭발

들어 주었기 때문이다. 나의 과거는 어쩔 수 없는 운명이지만 나의 미래는 내가 선택하고 결정할 수 있는 것이다.

돈을 초월한 성공을 위해
나만의 꿈과 목표를 다시 정의하기

Part 6

실행과
행동

꿈을 현실로 만드는 힘

21

실패해도 도전하는 결단과 실천

작은 것부터 매일매일 실천하기

결단이란 과거의 나쁜 습관을 끊어내는 것이라고 했다. 결단이 중요한 까닭은 이 결단이야말로 성공을 향해 나아가는 과정에서 가장 큰 방해가 되는 것을 제거하는 과정이기 때문이다. 많은 사람이 성공을 꿈꾸고 성공을 향해 나아가지만 목표점에 도달하는 사람은 언제나 극소수다. 그 까닭은 성공을 향해 나아가는 과정에서 과거의 나쁜 습관이 발목을 잡기 때문이다.

어떤 사람이 문제가 생기면 늘 부정적 감정을 나타내는 습관이 있다고 해보자. 여기서 부정적 감정은 불평, 불만이 될 수 있고 불안, 두려움 등이 될 수도 있다. 성공을 향해 나아가는 과정은 절대 고속도로 길이 아니다. 오히려 험악한 산을 오르는 길에 더 가깝다. 오르막이 계속 되는가 하면 가끔 내리막도 있다. 이 과정에서 수많은 문제에 부딪칠 수밖에 없다. 그런데 부정적 감정을 나타내는 습관이 있는 사람은 문제가 생길 때마다 부정적 감정이 드러나 가던 길을 멈칫할 수밖에 없다. 불평, 불만의 문제가 해결되지 않으면 좀처럼 앞으로 나아가지 못한다. 불안, 두려움의 문제가 해결되지 않으면 가던 길을 멈추고 어디론가 숨으려 한다. 이 사람은 한두 번은 문제를 극복하고 나아가더라도 계속되는 문제 앞에 결국 성공을 향해 가던 길을 포기하고 만다.

사람들은 이외에도 과거에 가지고 있던 여러 가지 나쁜 습관이 작동하여 결국 성공을 향해 가던 길을 포기하게 된다. 이 문제를 해결하기 위해 성공을 향해 나아가는 길에 방해가 되는 과거의 나쁜 습관을 끊어내는 결단은 무엇보다 중요하다. 이러한 결단은 끝까지 해내겠다는 결단으로 이어져야 한다. 그 과정에서 어떤 실패가 와도 다시 일어나 도전하겠다는 결심도 있어야 한다. 이 모든 것을 뒷받침하는 것이 실천력이다. 실천력이 없으면 결국 이 모든 일은 일어날 수 없기 때문이다. 그렇다면 어떻게 해야 실천력을 끌어올릴 수 있을까?

먼저 나 자신이 갖고 있는 실패에 대한 사고방식을 정립해야 한다. 실패는 성공의 어머니, 실패를 두려워하지 말고 실패를 통해 배우자 등 실패에 관한 주옥 같은 격언들이 있지만, 그것이 자기 것이 되지 않으면 나와는 아무 관계가 없게 된다. 아무리 지식적으로 실패에 대한 교훈을 알고 있다 하더라도 실제 실패를 직면하게 되면 제일 먼저 찾아오는 것은 낙심과 좌절이다. 이러한 감정에 몇 번 매몰되다 보면 다시 일어설 힘을 가지지 못하게 된다. 당신이 정말 실패를 성공의 어머니라고 생각하는가가 문제다. 차라리 거창한 격언보다는 실패를 도전의 과정에서 겪는 하나의 행동이라고 생각하는 것이 더 나을 수 있다. 실패가 도전하는 과정에서 나타나는 하나의 현상이라고 받아들이는 것이다.

실패에 대하여 사고방식을 정립해야 하는 이유는 성공의 과정에서 실패는 반드시 오게 마련인데 이것이 끝까지 나아가는 데 방해가 되지 않도록 하기 위해서다. 이렇게 실패가 방해요소로 작동하지 않도록 사고방식이 정립되면 이제 아무리 실패해도 다시 도전할 수 있는 실천력을 얻게 된다. 이러한 실천력은 끝까지 해내기 위한 실천으로 이어질 수 있다.

실천력을 높이는 또 하나의 방법이 있다. 한꺼번에 뭔가를 하겠다는 욕심을 거두는 것이다. 그리고 작은 것부터 실천하겠다는 마음을 먹는 것이다. 우리는 뭔가 꿈을 갖게 되면 갑자기 뭔가 큰 것부터 하려는 습성이 있다. 또 급하게 서두르려는 마음이 앞선다. 그런데 몸이 따라 주지 않으니 자꾸 실천력이 떨어지게 된다. 이러한 악순환에서 빠져나오지 못하면 절대 실천력을 끌어올릴 수 없다.

마음을 차분하게 먹고 조금 느긋한 자세를 가질 필요가 있다. 그리고 작은 것부터 하나라도 실천하겠다는 마음을 먹어보라. 큰 것을 실천하는 것은 어렵지만 작은 것 하나를 실천하는 것은 그리 어렵지 않다. 예를 들어 '아침에 일찍 일어나는 사람이 되겠다'는 것은 어렵지만, '오늘 하루는 아침 일찍 일어나보자'는 그리 어렵지 않다. 그렇게 오늘 하루 일찍 일어났다면 다음 날도 그렇게 실천해 보는 것이다. 이것이 일주일 쌓이면 나는 일주일 동안 일찍 일어난 사람이 되는 것이다. 한 달 쌓이면 한 달 일찍 일어난 사람이 되는 것이다. 이렇게 작은 실천이 쌓이다 보면 나도 모르게 아침에 일찍 일어나는 사람이 되어 있는 모습을 보게 될 것이다. 이것이 작은 실천이 만드는 큰 변화다.

작은 실천에서 중요한 것은 이것을 일회성이 아닌 매일매일 실천하는 행동으로 만드는 일이다. 로마는 하루아침에 이루어지지 않았다는 말이 있는 것처럼 모든 일은 한꺼번에 이루어지는 것이 아니라 작은 것이 쌓이고 쌓여 이루어진다. 마찬가지로 매일매일 이루어지는 작은 실천이 쌓이면 그것이 큰 변화를 이루어내는 힘으로 연결되는 것이다. 따라서 오늘 해야 할 작은 실천이 무엇인지부터 생각해 보라. 그것이 떠오르면 당장 그것을 실천해 보라. 이렇게 쉬운 것부터 차근차근 해나가야 한다.

능력 폭발

22

액션! 액션! 액션!
주저하지 말고 도전하기

　"액션!"은 영화 촬영 현장에서 감독이 외치는 말이다. 촬영 중에 배우들이 대사나 동작을 시작할 때 감독이 "액션!"하고 외치는 것이다. 그러면 촬영 현장에 있는 모든 사람의 움직임이 시작된다. 배우들은 대사나 동작을 시작하고, 카메라는 녹화를 시작한다. 나머지 스텝들도 각자의 역할에 맞는 행동을 취한다. 그런데 이 액션에서 주목할 것은 영화 관계자 모두가 이 액션의 신호에 맞게 행동할 수 있도록 모든 준비를 하고 있다는 사실이다. 만약 배우, 촬영, 조명, 소품 등 한 부분이라도 준비가 덜 되어 있다면 액션은 실패로 돌아가게 된다. 그런 점에서 액션은 정확한 타이밍으로 연기와 촬영을 시작하는 데 매우 중요한 신호다. 이 액션이 잘 되어야 모든 장면이 계획된 대로 잘 진행될 수 있기 때문이다. 그리고 장면과 장면이 만들어지면서 영화는 완성된다.

지금까지 이 책의 설명을 잘 따라왔다면 당신도 이제 "액션!"의 신호에 행동할 준비가 된 것이라 할 수 있다. 이제부터 액션, 액션, 액션을 이어가며 당신의 도전 이야기를 영화로 만들어 나가면 된다. 당신의 액션과 액션이 합해져서 한 편의 감동적인 드라마, 한 편의 영화가 완성될 수 있다.

우리는 『백범일지』, 『난중일기』 등 역사적 위인이 남긴 수많은 기록들을 통하여 교훈을 얻고 행동의 의지에 불을 붙이게 된다. 이제 우리가 이러한 기록을 남겨야 할 때다. 이왕이면 우리도 역사에 남을 기록으로 후대에 교훈을 주는 존재가 되는 꿈을 꿔보자. 그러기 위해 우리는 지금 이 순간 주저하지 말고 도전하기를 멈추지 않아야 한다.

필자가 도전 이야기를 계속하는 것은 어쩌면 스스로가 놓치고 있는 부분이기 때문일지도 모른다. 어쩌면 나에게 가장 힘든 부분이기 때문에, 나에게 가장 큰 챌린지가 되기 때문에 계속 이것을 이야기하고 있는지도 모른다. 그래서 나는 도전하고 또 도전하며 이야기하고 또 이야기한다.

우리는 사주는 사람은 계속 사주고 얻어먹는 사람은 계속 얻어먹는 모습을 볼 수가 있다. 당신은 사주는 사람이 될 것인가? 얻어먹는 사람이 될 것인가? 누구나 가진 것이 풍족하다면 사주는 사람이 되고 싶지 얻어먹는 사람이 되고 싶진 않을 것이다. 하지만 가진 것이 있음에도 계속 얻어먹으려는 사람을 보면 안타까움이 앞선다.

사람들이 살아가는 모습을 가만히 살펴보면 가난한 사람들이 왜 가난해지는지 알 수 있다. 그들의 운이 가난을 부르는 것이 아니라 태도가 가난을 부른다. 가난한 사람은 눈앞의 이익만 바라보고 그때 이익만 찾고 있는 경우가 많다. 눈앞이 보이는 부분에 휘둘리다 보니 어떤 사람이 현재 잘나가고 있으면, 그 사람이 현재 돈이 많으면 그 사람에게 달라붙는다. 하지만 이 현상을 조금만 길게 보면 문제가 있다는 것을 알 수 있다. 모든 인생과 모든 비즈니스는 생사고락과 흥망성쇠가 있다. 정점이 있다는 것은 이제 내려갈 길이 남았다는 것을 뜻한다. 그래서 그 사람이 조금이라도 내리막길을 걸으면 가난한 사람은 그 곁을 떠나버린다. 또 가난한 사람은 자기가 관리할 수 있을 만큼만 사업을 벌리고, 그만큼만 관리하며 그것을 할 수 있을 만한 사람만 데리고 일을 한다. 하지만 부유한 사람은 다르다. 나보다 일을 더 잘하는 사람, 나보다 능력이 더 많은 사람을 데리고 일을 하며 그들이 더 많이 일하고 더 많이 가져가게끔 돕는다. 또 사람에 대하여 충분한 가치를 두고 그 사람에게 투자한다. 그러므로 부자에게는 늘 돈이 들어오나 가난한 사람에게는 돈이 들어오지 않는 것이다.

모든 사람은 부자를 꿈꾼다. 부자가 되기 위해 순간순간을 소중하게 살아가야 하고 하루가 지나면 시간이 아깝다는 생각을 하게 된다. 이렇게 부자는 시간을 소중하게 씀으로써 부자의 길에 더욱 가깝게 다가간다. 하지만 가난한 사람은 시간을 게으르게 쓰며 조금이라도 편한 것을 추구한다. 그러다 보면 가난에 더욱 가깝게 다가가게 된다.

우리에게 주어진 시간은 한정적이다. 따라서 부자가 되고 싶다면, 성공하고 싶다면 시간을 아껴야 한다. 시간이 그냥 무의미하게 흐르도록 두는 것이 아니라 무엇이라도 도전하고 이루고 성취하고자 노력해야 한다. 시간을 붙잡고 도전해야 하는 것이다.

내가 잘 해낼 수 있을지 없을지 겁이 날 수도 있다. 하지만 도전하지 않으면 이루지 못할 확률 100%, 이룰 수 있는 확률은 0%다. 하지만 도전하면 이룰 수 있는 확률이 올라간다. 100%는 아니라하더라도 0%보다는 높지 않은가? 인생은 한 번뿐이고 우리에게 주어진 시간은 한정되어 있다. 가능한 긍정적인 것에 시간을 투자하고 결과를 얻기 위해 행동하라.

23

자기주도성
성공적인 삶을 위한 10가지 법칙

결단하고 실행하고 행동하는 과정에서 가장 중요한 것은 자기주도성을 가지고 나아가는 일이다. 자기주도성이란 스스로 주도권을 쥐고 행동할 수 있는 권리를 말한다. 도전은 내가 하는 것이기 때문에 내가 내 행동의 주도권을 쥐어야 한다. 그런데 많은 경우 다른 사람에게 휘둘리면서 자기주도성을 빼앗기고 갈등 상황에 빠지는 일을 보게 된다. 그런 점에서 자기주도성은 자기결정성과 연결된다. 남에게 휘둘리지 않고 자기의 결정으로 나아가는 것이 곧 자기결정성이고 자기주도성이다.

이러한 자기주도성을 갖기 위해 필자는 셀프 매니지먼트 자기주도성을 위한 10가지를 정리했다. 이것은 성공적인 삶을 사는 10가지 법칙이기도 하다. 같이 한 번 소리내어 읽어보도록 하자.

첫째, 자아 존중감을 강화하라. 자기 자신을 존중하고 사랑하는 마음을 키우라.

둘째, 경청하라. 상대방에게 중요감이 들게 진심으로 말을 듣고 이해하려고 노력하라.

셋째, 기대 이상으로 보답하라. 상대방에게 기대 이상의 긍정적인 반응을 보이라.

넷째, 중요감을 부여하라. 이름과 언급한 말, 비전을 기억하며 상대방에게 중요하다는 느낌을 주라.

다섯째, 마음의 문을 열어라. 입의 열쇠로 상대방의 마음을 여는 노력을 하라.

여섯째, 긍정적 피드백을 주라. 감탄하며 좋은 점을 찾아 칭찬하고 감사하라.

일곱째, 정직하라. 일하다 잘못을 했을지라도 거짓말하지 말고 솔직하게 대화하라.

여덟째, 신뢰를 구축하라. 손해를 보더라도 약속을 지키고 책임감을 가져라.

아홉째, 공감하라. 슬플 때 같이 슬퍼해 주고 기쁠 때 같이 기뻐해 주라.

열째, 우호적인 태도를 유지하라. 미소를 지으며 쿠션어를 사용하여 대화하라.

※ 쿠션어 : 상대에게 불쾌감을 주지 않기 위하여 정중하고 부드럽게 보이기 위하여 쓰는 어법

10가지 법칙에 대한 구체적인 내용을 살펴보도록 하자.

'첫째, 자아 존중감을 강화하라'에서 자아 존중감은 먼저 나 자신에 대한 만족감을 뜻한다. 내가 나를 사랑해야 누군가를 사랑할 수 있는 능력이 생긴다. 나를 존중해야 다른 사람을 존중해 줄 수가 있다. 그래서 자아 존중감을 강화하라는 것이다. 이것은 자신감과 비슷하다. 자신감이란 스스로 자(自)자에 믿을 신(信)자로 자기 자신을 믿는 믿음이다. 나 자신을 어떻게 믿을 수 있을까? 당장 나 자신을 보면 머리도 똑똑하지 않고, 집안 환경도 좋지 않고, 직장이 훌륭한 것도 아니다. 게다가 흙수저다. 이것은 지금 내가 오감으로 현실적으로 느껴지는 나 자신이다. 그럼에도 불구하고 나는 스마트하고 매력적이며, 건강하고 사람들에게 영향을 끼치는 리더가 되는 사람이다, 라고 믿는 것이 믿음이다. 보이는 대로 믿는 것이 아니라 그렇지 않다 하더라도 그렇게 되기로 결정하고 그 모습을 보는 것이 믿음이다. 난 잘할 수 있어, 충분히 잘할 수 있어, 스스로 마음껏 상상에 빠져 보라. 그게 바로 자기 암시다. 그렇게 할 때 우리는 자신도 모르게 자신감을 갖게 되며 자아 존중감을 강화하게 된다.

'둘째, 경청하라'에서 경청은 상대방에게 중요감이 들 수 있도록 진심으로 상대의 말을 듣고 이해하려고 노력하라는 뜻이다. 그런데 세상 어려운 것이 경청이다. 그것은 모든 사람이 갖고 있는 자기 중심성 때문에 생기는 현상이다. 만약 당신이 사회에 훌륭한 일을 하여 유명인사에게 초청을 받았다고 해보자. 그러면 밥도 같이 먹고 단체 사진도 같이 찍을 것이다. 이때 누굴 먼저 볼까? 나를 먼저 보게 되어 있다. 아무리 유명인사와 같이 사진을 찍어도 유명인사보다 나를 먼저 보게 되어 있는 것이 인간이다. 사람은 누구나 다 자기를 중심으로 생각하게 되어 있기 때문에 나타나는 현상이다. 이 때문에 다른 사람의 말을 경청하는 것은 쉽지 않다. 사람들은 말하는 것을 좋아하지 듣는 것을 좋아하지 않는다. 그런데 어느 누가 상대의 말을 경청해 준다면 그것은 상대방에게 나의 중요감을 심어주는 가장 핵심적이고 가장 확실한 방법이 될 수 있다. 경청을 잘하기 위해 우리는 상대방의 말을 들어주는 훈련을 해야 한다.

'셋째, 기대 이상으로 보답하라'는 것은 어떤 상황이 생겼을 때 상대에게 기대 이상의 긍정적인 반응을 보이라는 것이다. 예전에 역삼역 2번 출구에 가면 파리바게트가 있었다. 그때 파리바게트 2층에서 바쁘게 출근하는 사람들을 내려다보며 커피 한 잔과 크로와상 샌드위치를 먹는 게 아침의 일과였다. 그날도 커피를 마시고 있는데 갑자기 비가 막 쏟아지기 시작했다. 그러니까 직장인들은 지하철 출구 앞에서 비를 피하려고 서 있는데 뒤에서 사람들이 막 밀려 나오니까 이에 떠밀려서 밖으로 밀려 나와 몸이 흠뻑 젖은 채 후다닥 달려가는 모습을 보았다. 저렇게 온몸이 젖으면 어떻게 일을 하나, 하는 걱정을 하면서 내려왔고 차에서 우산을 꺼냈다. 그런데 우산이 한 개 더 있는 것을 발견하고는 가장 먼저 막 뛰어가는 직장인에게

능력 폭발

우산을 줬다. 필자는 그 사람에게 어떤 말도 하지 않았고 그 직장인도 엉겁결에 아무 말도 하지 못하고 우산을 받아 들었다. 그리고 필자는 뒤돌아 나의 길을 갔다. 따라서 그분의 표정이나 그분의 목소리도 듣지 못했다. 하지만 기억은 아직도 또렷이 남아 있다. 7년이 훨씬 지난 일인데 매 여름만 되면 비가 올 때마다 그 순간이 생각난다. 이 생각을 떠올릴 때 누가 행복한가, 내가 행복하다. 그 직장인도 비가 오는 어느날 또 누군가에게 우산을 건네 주지 않을까? 사실 우산 하나 해봐야 5,000원에서 1만 원 사이일 것이다. 그것으로 나는 내가 하고 싶은 일을 할 수 있었고 그 덕분에 기분이 좋아질 수 있었다.

길을 가다 보면 쓰레기가 보일 때가 있다. 이때 쓰레기를 주울까 말까, 망설일 때가 있다. 환경미화원도 아닌데 왜 쓰레기를 주워야 해? 라고 생각하는 사람은 그냥 지나칠 것이다. 하지만 쓰레기를 줍는 사람은 기분이 좋아진다. 먼저 자신에게 기분 좋은 일이 일어나는 것이다. 메이저리그 최고 연봉을 받는 오타니는 쓰레기를 주우면서 복을 줍는다고 생각한다고 한다. 상대에게 기대 이상으로 보답해 주면 어떤 일이 일어날까? 상대방이 기대한 만큼 보답해 주면 사실 당연히 해야 될 걸 하는 것이므로 아무 감동이 없다. 하지만 기대 이상으로 보답해 주면 상대방이 감동을 느낀다. 그리고 기대 이상을 행한 자신은 더 큰 행복감을 누릴 수 있다.

'넷째, 중요감을 부여하라'는 것은 특별한 인간관계를 만들기 위해 그렇게 하라는 것이다. 상대방이 말한 걸 기억해 주고, 그 말한 걸 가지고 질문하며 이야기를 하면 상대는 나를 특별하게 기억할 수 있다. 그렇게 하는 사람이 많지 않기 때문이다. "이번에 학교 시험 잘 봤나요?", "아버님 건강은 좋아지셨나요?" 이런 말 한마디 한마디가 상대방에게 엄청난 중요감을 줄 수 있게 된다. 어쩌면 큰 선물 하나 주는 것보다 더 큰 감동을 줄 수도 있다.

'다섯째, 마음의 문을 열어라'는 상대의 마음을 열라는 뜻이다. 어떻게 상대의 마음을 열 수 있을까? 필자는 입으로 여는 것이라고 이야기한다. 상대의 마음이 문이라면 내 입은 그 문을 여는 열쇠인 것이다. 내가 먼저 말을 걸고 말을 시키고 하면서 대화를 나누다 보면 어느새 친해져 있는 것을 발견할 수 있다. 입이 열리면 마음이 열리고, 마음이 열리면 지갑이 열린다. 모든 비즈니스의 핵심은 상대방의 입을 열게 하는 것이다. 그 사람이 입을 열어 말을 하게 되면 마음의 문을 열게 된다.

'여섯째, 긍정적 피드백을 주라'는 결국 상대방의 입장에서 말하는 것에 관한 이야기다. 상대에게 답을 줘야 할 때 어떤 말을 해줄 것인가? 상대의 행동에 대해 긍정적 피드백을 해줘 보라. 긍정적인 피드백으로 가장 좋은 효과를 볼 수 있는 방법으로 경탄이 있다. 마치 아기가 돌쯤에 갑자기 벌떡 일어설 때 엄마 아빠가 하는 경탄처럼

능력 폭발

상대에게 진실한 경탄으로 반응해 보라. 아기는 엄마 아빠의 경탄에 젖먹던 힘이 다시 생겨 용기를 내고 몇 발자국 더 걷는 도전을 하게 된다. 마찬가지로 우리가 상대에게 경탄으로 반응할 때 상대도 더욱 힘이 나게 된다. 때로는 불가능도 가능하게 만들 수 있는 능력이 생긴다. 경탄했을 때 사람들은 도전할 수 있는 힘을 얻게 된다. 너도 잘할 수 있어! 와! 잘하네! 라고 환호해 주며 경탄을 보내줘 보라. 배우자에게도 마찬가지다. 와! 정말 맛있어! 라고 경탄을 보내주는 순간 힘을 얻게 된다. 경탄은 기적을 만들어낼 수도 있다. 만약 내 사업의 기적을 만들기 원한다면 경탄을 해보라. 그러면 기적이 일어날 것이다.

'일곱째, 정직하라'에서 정직은 쉽지 않은 주제다. 우리 집안의 가훈이 정직이었다. 정직이라 하니 거짓말하지 않는 것쯤으로 생각하는 사람이 많을 것 같다. 하지만 정직이 그냥 거짓말 안 하는 것만이 아니라 나 자신을 그대로 인정하는 것이라면 어떨까? 나의 과거 모습, 현재 모습, 내 생각들, 내 모든 언행들을 그대로 인정하면서 살아가는 게 정직이라면 어떨까? 이것은 거짓말하지 않는 것처럼 쉽지는 않으며 어쩌면 제일 어려운 부분일 수도 있다. 좀 더 잘 보이고 싶고, 좋게 보이고 싶고, 없는 것을 있어 보이게 하고 싶은 마음이 들기 때문이다. 사람의 마음에는 누구나 두려움이 있다. 이런 이야기를 하면 사람들이 나를 어떻게 생각할까, 하는 두려움이 있다. 하지만 그 두려움을 극복하고 도전하는 게 정직이다. 그래서 정직하면 일이 잘못됐을 때도 잘못을 인정할 수가 있다. 사실 살아가면서 진짜 중요한 건 일이 잘못됐을 때다. 이때 미안한 마음에 잠수 타는 사람이 많은데, 이것은 정직하지 못한 행동이다. 그건 내 책임이다, 라고 당당히 인정할 수 있는 용기, 상대에게 사과할 수 있는 용기가 바로 정직인 것이다. 정직해야 사람들과 좋은 관계를 이어갈 수 있다. 사람들은 정직하지 못하다는 느낌이 들면 상대에게 마음을 닫기 때문에 좋은 인간관계를 이어갈 수가 없다.

'여덟째, 신뢰를 구축하라'에서 어떨 때 신뢰가 생기는지 생각해 볼 필요가 있다. 만약 어떤 사람이 손해를 감수하고서라도 약속을 지키는 모습을 본다면 누구나 그 사람에 대한 신뢰가 생기게 된다. 단지 약속을 잘 지킨다고 해서 신뢰가 생기는 것이 아니다. 지켜야할 약속을 지키는 것은 그 사람도 자기 이익을 위해 지킬 수 있다. 하지만 자신의 손해를 감수하고도 약속을 지키는 사람을 볼 때는 이야기가 달라진다. 필자의 수강생 중에는 때로는 손해를 감수하고서라도 꼭 클래스에 참석하는 사람들이 있다. 그런 모습을 보면 자연히 신뢰가 생길 수밖에 없다. 그분들은 그 시간에 일도 해야 되고, 사람도 만나야 하며, 아직 끝내지 못한 숙제들도 있다. 그럼에도 불구하고 그런 손해를 감수하면서도 반드시 약속을 지키는 사람들을 보면 신뢰하지 않을 수 없다.

'아홉째, 공감하라'는 기쁠 때 기뻐하고 슬플 때 슬퍼하라는 것이

능력 폭발

다. 필자는 하이파이브를 중요하게 생각하는데, 하이파이브야말로 기쁨과 희망에 대한 공감을 표시하는 최고의 액션이다. 하이파이브를 하는 것만으로도 기분이 좋아지며 에너지가 축적된다. 그리고 슬픈 일이 있을 때는 그 사람 옆에 함께 있어 주는 것으로 슬픔을 나눠라. 백마디 말보다 아무말 없이 함께 있어 주는 것이 더 큰 위로가 될 때가 있다.

'열째, 우호적인 태도를 유지하라'는 서로 친하게 좋은 관계를 유지하라는 것이다. 이를 위해 미소 짓고, 쿠션어를 사용하는 것 등을 제시하고 있다. 쿠션어란 상대에게 뭔가를 요청하거나 질문할 때 불쾌감을 주지 않기 위하여 정중하고 부드럽게 보이기 위하여 쓰는 어법을 뜻한다. "그런 마음을 느끼셨군요", "그런 생각을 하셨군요", "말씀 잘 들었습니다" 등은 대표적 쿠션어라고 할 수 있다.

필자는 수강생들로 하여금 이 10가지의 원칙들을 매일마다 낭독하며 외우도록 한다. 그만큼 자기 주도성을 갖고 성공적인 삶을 살기 위한 중요한 문장들이기 때문이다. 낭독시키는 이유는 말의 힘 때문에 그런 것이고 외우도록 하는 것은 완전히 자기 것으로 만들기 위한 방법이다. 필자는 지금까지 말의 힘에 대해 강조했는데, 다음 장에서는 말의 힘과 능력이 가진 과학적 원리와 그 힘이 어떻게 나를 변화시키는지에 대해, 또 이를 위해 필자가 개발한 말하기 앱에 대하여 구체적으로 다루도록 하겠다.

성공적인 삶을 위한
10가지 원칙 실행 계획 세우기

1. 성공적인 삶을 위한 10가지 법칙을 적어보자.

_____

_____

_____

_____

_____

_____

_____

_____

_____

_____

_____

능력 폭발

2. 누구에게 실행해 보겠는가?

_____

_____

_____

_____

_____

_____

_____

3. 어떤 방식으로 실행해 보겠는가?

_____

_____

_____

_____

_____

_____

_____

Part 7

꿈을 이루어주는
말의 신비

말하는 대로 이루어지는 기적

24

말이 꿈을 이루어주는 과학적 원리
말하는 것이 현실이 된다

현대 철학의 거장 비트겐슈타인은 "내 언어의 한계가 내 세계의 한계다"라고 말했다. 이는 곧 내 언어가 내 세계를 규정한다는 것을 의미한다. 우리가 말하는 것이 우리의 현실이 된다는 것을 뜻하기도 한다. 당신이 말하는 것이 곧 당신의 삶이 된다는 것이다.

이것은 곧 당신이 꿈을 말하면 그 꿈이 이루어진다는 것을 뜻하기도 한다. 그렇다면 어떻게 꿈을 말하면 꿈이 이루어질까? 여기에서는 꿈을 꾸면 왜 꿈이 이루어지는지 과학적으로 접근해 보는 시간을 가지고자 한다.

인간은 마음의 뜻을 표출하는 두 가지 수단을 가지고 있다. 하나는 생각이고 또 하나는 말이다. 그렇다면 이러한 생각과 말은 어떤 원리로 표출되는 걸까? 인간의 몸을 작동시키는 근본 에너지는 전기 에너지임이 의학적으로 밝혀져 있다. 전기 에너지에 의해 신경에 전달을 일으키고 모든 세포와 조직이 작동한다. 우리는 어떤 물리적 힘으로 우리 몸이 작동한다고 생각하지만, 그 베이스에는 전기 에너지가 있다. 이 때문에 우리는 건강검진을 할 때 심전도, 뇌파 등을 검사한다. 심전도, 뇌파 등은 인체의 전기 에너지의 흐름을 검사하는 방법이다. 그런데 전기 에너지의 실체는 전자라는 미시입자의 움직임이다. 양자역학에서 입자는 곧 파동이므로 전기 에너지의 입자는 양자와 관련이 있다고 할 수 있다. 놀라운 것은 이러한 전기 에너지가 마음의 활동과도 연관되어 있다는 사실이다. 고요한 마음일 때 뇌파는 안정적인 알파파를 나타내지만, 긴장 상태나 흥분 상태에서는 감마파로 뇌파가 흔들린다. 이것은 곧 우리의 마음도 에너지 파동 상태임을 알려주는 증거다. 그런데 파동은 또한 물질이 될 수 있으므로 우리의 마음 또한 양자와 연결되어 있음을 알 수 있다.

우리의 마음이 양자와 연결되어 있다면 우리가 생각하는 순간, 말하는 순간 양자가 작동하게 된다. 우리는 내가 생각하고 말하는 것이 내 주변에만 맴돌 것이라 여긴다. 하지만 생각과 말도 양자이기 때문에 양자얽힘 현상에 의해 우주의 양자와 연결된다. 이때 양자에는 정보가 담겨 있기에 비슷한 정보와 정보가 양자얽힘 현상에 의해 반응하게 된다. 이런 원리에 의해 내 생각이나 말과 비슷한 정보를 가진 양자끼리 서로 반응을 하게 되는 것이다. 이렇게 우리의 환경이 양자로 연결되기 때문에 양자적인 에너지를 가진 자신의 생각과 말은 자신의 주변에 영향을 끼치게 될 수 있다. 우리의 생각과 말은 이러한 과학적 원리로 꿈을 이루어줄 수 있게 해주는 것이다.

그렇다면 생각과 말 중 어느 것이 더 에너지가 높을까? 생각은 들어오는 것이고 말은 하는 것이다. 생각도 파동 에너지를 가지지만 말이 가지는 파동 에너지에 비하면 약한 수준이라 할 수 있다. 그래서 정말 꿈을 이루고 싶다면 생각에 머물지 말고 말로 외치라고 하는 것이다. 말이 가지는 에너지는 우리의 생각을 초월한다. 말은 다음과 같이 두 가지 구성요소로 이루어져 있다.

말 = 소리 에너지 + 뜻 에너지

생각은 뜻 에너지로만 작동하지만 말은 여기에 소리 에너지가 더해진다. 소리 에너지는 음파로 구성되어 있다는 사실이 밝혀졌다. 실제 촛불에 대고 큰 소리로 말하면 촛불이 흔들리는 현상을 관찰할 수 있다. 이 소리 에너지 덕분에 상대가 내 말을 인지하게 된다. 여기에 뜻 에너지가 더해져 상대는 내 말의 뜻을 이해할 수 있게 된다. 이러한 소리 에너지와 뜻 에너지 역시 양자로 구성되어 있고, 그래서 상대뿐만 아니라 요즘에는 유튜브 등을 통하여 온 세계에까지 전달될 수 있다. 오늘날 온 세계가 인터넷, 유튜브 등으로 연결되는 기술 역시 양자역학의 산물이다.

지금까지 당신의 꿈을 생각으로만 하였다면 이제부터 말로 표현해 보라. 그것을 오늘 하루만 하지 말고 내일도 하고 글피에도 해보라. 그때 내 말의 양자 에너지 정보가 나를 깨우고 내 주변의 환경을 깨울 것이다. 그리하여 당신이 말했던 꿈이 이루어지는 것이다.

능력 폭발

언어의 힘
내 말을 바꾸면 생각이 바뀌고 삶이 바뀐다

 필자는 앤드류 카네기와 네폴레온 힐의 성공 철학과 비트겐슈타인의 언어 철학을 바탕으로 강의 프로그램을 만들 정도로 이들에 대한 연구를 많이 했다. 특히 비트겐슈타인의 언어 철학에 매료되었는데, 그것은 그의 철학이 실천 언어 철학으로 이루어져 있기 때문이다.

 비트겐슈타인의 실천 언어 철학에서 주목할 것은 언어게임 이론이다. 이것은 상황에 따라 변하는 게임처럼 언어도 사용하는 방식에 따라 다르게 작동한다고 보는 견해다. 즉 언어는 그 뜻이 고정적이지 않고 상황에 따라 달라진다는 점을 강조한 것이 비트겐슈타인의 실천 언어 철학의 핵심 내용이다. 이러한 언어는 실생활에서 이루어지는 실제적인 활동과 밀접하게 연관되어 있다. 실제 활동하는 가운데 내가 어떤 언어를 사용하는가에 따라 언어의 의미도 달라지게 된다. 비트겐슈타인은 이런 철학을 바탕으로 "내 언어의 한계가 내 세계의 한계다"라는 유명한 말을 남겼다.

이러한 비트겐슈타인의 실천 언어 철학을 나의 말에 적용해 보자. 지금 당신은 어떤 언어를 사용하고 있는가? 한국어, 영어를 뜻하는 것이 아니라 어떤 느낌, 어떤 내용, 어떤 수준의 말을 하고 있는지를 묻는 것이다. 그 사람의 말을 들어보면 그 사람에 대해 알 수 있다는 말이 있을 정도로 내가 지금 사용하는 말이 나의 인상과 이미지를 결정하고 있다는 사실을 알아야 한다.

혹시 매사에 부정적인 말을 내뱉고 있지 않은가? 부정적인 말은 부정적 환경을 몰고 오며 매사에 부정적 생각을 하는 자신을 만든다. 문제는 부정적인 말을 하는 사람은 자신이 부정적인 말을 하는지 잘 인지하지 못한다는 사실에 있다. 그것은 그가 부정적 말을 하는 것이 습관이 되어 무의식적으로 부정적 말을 하고 있기 때문이다.

우리 주변에는 긍정적으로 말하는 사람보다 부정적으로 말하는 사람의 비율이 더 많다. 그래서 나도 모르게 부정적으로 말하는 것에 더 익숙해질 가능성이 높다. 따라서 지금 당장 자신의 언어습관을 돌아볼 필요가 있다. 만약 부정적으로 말하고 있다면, 완전히 돌이켜 긍정적인 말을 하는 습관으로 바꾸기 위해 결단해야 한다.

능력 폭발

말은 또한 전달의 수단이 되기도 하므로 상대에게 전해지는 느낌도 중요하다. 만약 거친 목소리와 저급한 수준의 단어를 쓰고 있다면 이 또한 바꿀 필요가 있다. 거친 목소리는 노력에 따라 얼마든지 부드러운 목소리로 바꿀 수 있다. 목소리는 음파이기 때문에 거친 목소리의 음파는 높고 날카롭지만 부드러운 목소리의 음파는 낮고 부드럽다. 따라서 낮고 부드럽게 말하려 노력하면, 또 가능한 목에서 나오는 소리보다 배에서 나오는 소리를 내려 하다보면 듣기 좋은 부드러운 목소리로 바꿀 수 있다.

말을 할 때 저급한 수준의 단어를 쓰는 것도 삼가야 한다. 저급한 수준의 단어를 쓰면 나도 저급하게 되기 때문이다. 저급한 수준의 단어를 고치기 위해서는 독서를 권장하고 싶다. 책에는 좋은 단어, 고급 단어들이 많기 때문이다. 책을 많이 읽다보면 나도 모르게 저급한 단어들이 좋은 단어로 바뀌는 것을 경험할 수 있다. 또 이것을 좋은 목소리 훈련과 함께하면 더 큰 효과를 볼 수 있다.

어느 정도 이런 언어 훈련이 되어 당신의 말이 바뀌면 어떤 일이 일어날까? 명리학의 용어 중 성상이라는 게 있다. 얼굴이 주는 느낌을 인상이라고 한다면, 성상은 말이 주는 느낌을 뜻한다. 당신의 말이 바뀐다는 것은 성상이 바뀐다는 것을 뜻한다. 성상이 바뀌면 먼저는 당신을 바라보는 사람들이 시선이 달라질 것이다. 그리고 당신의 마음도 바뀌므로 당신의 생각도 변화하는 커다란 경험을 하게 될 것이다. 말이 바뀌니 생각이 바뀌는 것이다. 한 사람의 생각이 바뀐다는 것은 엄청난 의미를 지닌다.

사람은 생각한 대로 행동하게 되어 있다. 그래서 '그 사람의 생각이 그의 인생이다'라는 말도 나오는 것이다. '생각이 인생'이라는 것은 생각이 바뀌면 그 사람의 삶도 바뀔 수 있음을 뜻한다. 그런데 사람의 생각은 쉽게 바뀌지 않는다. 한 사람의 생각은 어느 정도 성장하면 거의 고정된다. 이것을 세계관이라고 하는데, 사람은 그 세계관에 의해 살아가게 된다.

그래서 평생을 살아도 사람은 변하지 않는 것이다. 사람이 변하는 방법은 생각을 바꾸는 것 외에 다른 방법이 없다. 그런데 그 생각을 바꾸는 가장 쉽고 효과적인 방법이 있으니 바로 말을 바꾸는 것이다. 말을 바꾸는 것에는 이처럼 엄청난 의미가 숨어 있다. 이것을 깨닫는 순간 즉시 말을 바꾸기 위한 훈련에 돌입해 보라. 그래야 당신의 생각이 바뀌고 당신의 삶이 변화한다.

능력 폭발

26

기적의 긍정선언문 낭독

액션 마스터마인드

필자는 일찍부터 말하는 것의 중요성을 실감하고 있었다. 그래서 프로그램 과정에서도 말하기 수업을 많이 첨가하였을 뿐만 아니라 말로 나의 마음을 표현하려고 노력하였다. 하지만 실생활로 돌아가면 바쁘게 돌아가는 시계 속에서 이를 실천하기란 쉽지 않음을 발견하였다. 이런 모습을 안타깝게 지켜보다가 실생활 속에서 이것을 좀 더 쉽게, 좀 더 잘할 수 있는 방법을 생각하게 되었다. 그리하여 개발한 것이 '액션 마스터마인드'라는 어플리케이션이다. 이것은 말하기 앱으로는 국내 최초로 개발된 앱이라고 할 수 있다. 여기에서는 이 앱을 사용하여 긍정선언문을 낭독하고 내 삶을 변화시키는 방법에 대하여 알아보도록 하겠다.

스마트폰의 '앱스토어'나 '플레이 스토어'에서 '액션 마스터마인드'를 치면 '액션 마스터마인드'라는 앱이 뜰 것이다. 이것을 다운 받으

Part 7. 꿈을 이루어주는 말의 신비 - 말하는 대로 이루어지는 기적

면 스마트폰에 이 앱이 설치된다. 그리고 앱을 열면 회원가입을 하라는 메시지가 뜬다. 간편가입을 통해 회원가입을 하고, 영어 대문자와 소문자, 숫자, 특수문자를 모두 조합하여 비밀번호를 설정한다. 이렇게 로그인을 하여 기타 정보를 입력하고 나면 '낭독하기'라는 항목이 뜬다. 기타 정보 입력란에서 필자의 강의 프로그램을 선택하는 항목이 나오는데, 이는 이 앱이 필자의 수강생을 대상으로 만들었기에 나오는 항목이다. 회원가입을 마쳤다면 프로필 수정하기의 선언문 수정하기로 들어가서 스스로 원하는 긍정적 낭독문을 작성해 넣으면 된다. 만약 필자의 수업에 등록하지 않은 사람이라면 '능력자 챌린지'를 누르면 이 앱을 활용할 수 있다.

'낭독하기' 항목을 누르면 '녹음하기'가 나오는데, 이것을 누르고 자신이 원하는 것을 낭독하면 된다. 그리고 '챌린지 완료'를 누르면 음성파일이 저장되는데, 다음 과정에서 오늘을 기억할 수 있는 사진과 한 줄 메모까지 저장하면 오늘의 능력자 챌린지가 완료된다. 오늘을 기억할 수 있는 사진은 오늘 낭독하기를 기억할 수 있는 장면을 촬영하여 넣거나 이와 연관된 사진을 저장하면 된다. 한 줄 메모역시 오늘의 낭독을 기억할 수 있는 간단한 문장을 기록하면 된다. 이렇게 작업 완료한 것은 '액션 마스터마인드' 전체방 '오늘의 챌린지'란에 자동으로 공유가 된다.

그 외의 SNS에 공유하고 싶을 때는 '공유하기'를 누른다. 그러면

'카카오톡 공유하기', '낭독문 공유하기', '음성파일 공유하기' 등의 메뉴가 뜬다. 카카오톡 공유하기를 누르면 자신이 원하는 톡방에 낭독을 공유할 수 있다. 그 외의 SNS에 공유하고 싶다면 '낭독문 공유하기', '음성파일 공유하기' 등의 메뉴를 누르면 된다.

전체 공유 화면에 들어가면 현재 우리 마스터마인드협회에서 이 앱을 사용하고 있는 회원들의 이름이 쫙 뜨는 화면을 만날 수 있다. 상단에 TOP5 챌린저의 명단이 뜨는데 아마도 필자의 이름을 여기에서 확인할 수 있을 것이다. 그리고 더 아래에 '오늘의 챌린저'가 뜨는데 만약 공유하기를 눌렀다면 여기에 자신의 이름이 뜰 것이다. 잘못 기록한 것을 지우고 싶다면 자신의 이름 옆에 있는 '프로필' 메뉴를 길게 누르면 삭제 메시지가 뜬다.

현재 '액션 마스터마인드' 앱에는 매일 100명이 넘는 회원들이 오늘의 챌린저에 도전하고 있다. 자신의 꿈을 이루기 위해 자신의 언어로, 말로 낭독하기에 도전하고 있는 것이다. 사실 스마트폰 앱을 개발한다는 것은 많은 돈과 노력이 들어가는 일이다. 그럼에도 불구하고 이러한 앱을 개발한 목적은 자명하다. 어떻게든 더 많은 사람이 자신의 꿈을 매일매일 말하는 실천을 통하여 꿈을 이루도록 도와주고 싶었기 때문이다.

아무런 준비 없이 낭독하기를 하면 실수가 나오기 쉽다. 따라서 미리 문구를 작성하고 그 문구대로 읽는 것이 실수를 줄이는 좋은 방법이 될 수 있다. 문구는 간단명료하며 구체적이어야 한다. 예를 들어 '나는 병이 나을 것이다'라는 문구보다 '나는 관절염이 나을 것이다'라는 구체적인 문장이 좋다. 또한 길게 이어지는 만연체의 문장보다는 짧고 명료한 간단한 문장이 좋다. 이렇게 문구가 준비되면 낭독을 하는데, 이때 낭독하는 목소리도 부드러우면서도 강한 톤으로 하는 것이 좋다. 강할수록 더 잘 전달될 수 있기 때문이다. 만약 간절한 소원이라면 큰 소리로 외치는 것도 좋은 방법이 될 수 있다.

먼저 시작은 앞에서 필자가 제시한 '성공적인 삶을 위한 10가지 지침'부터 하면 좋다. 또는 나폴레온 힐이 제시하는 13가지 성공법칙을 해도 좋다. 다음과 같이 '성공적인 삶을 위한 10가지 법칙'에서 명령어를 '한다'는 식으로 바꿔 낭독하면 된다.

첫째, 자아 존중감을 강화한다. 자기 자신을 존중하고 사랑하는 마음을 키운다.
둘째, 경청한다. 상대방에게 중요감이 들게 진심으로 말을 듣고 이해하려고 노력한다.
셋째, 기대 이상으로 보답한다. 상대방에게 기대 이상의 긍정적인 반응을 보인다.
넷째, 중요감을 부여한다. 이름과 언급한 말, 비전을 기억하며 상대방에게 중요하다는 느낌을 준다.

능력 폭발

다섯째, 마음의 문을 연다. 입의 열쇠로 상대방의 마음을 여는 노력을
한다.

여섯째, 긍정적 피드백을 준다. 감탄하며 좋은 점을 찾아 칭찬하고 감
사한다.

일곱째, 정직하다. 일하다 잘못을 했을지라도 거짓말하지 말고 솔직하
게 대화한다.

여덟째, 신뢰를 구축한다. 손해를 보더라도 약속을 지키고 책임감을
가진다.

아홉째, 공감한다. 슬플 때 같이 슬퍼해 주고 기쁠 때 같이 기뻐해 준다.

열째, 우호적인 태도를 유지한다. 미소를 지으며 쿠션어를 사용하여
대화한다.

긍정적 언어로
말한 것 기록하기

언어 체크 노트

능력 폭발

Part 8

무한한
능력 발휘

비전을 통한 확장

27

RPM을 활용한 동기부여

성공시키면 성공한다

성공을 향해 나아가는 과정에서 중요한 것은 동기부여라고 할 수 있다. 동기부여가 된 상태에서 일을 진행하면 자발적으로 일을 진행하게 되지만 동기부여가 되어 있지 않은 상태에서 일을 진행하면 수동적, 의무적 태도로 일관해 일의 효율성이 떨어진다. 더 중요한 것은 성공적인 삶을 사는 리더로서 타인을 동기부여시키는 능력은 현대에 와서 무엇보다 중요한 부분이라는 것이다.

상대에게 동기부여를 주는 방법으로 RPM이란 아이디어를 생각하게 되었다. 자동차 계기판을 보면 속도 계기판 왼쪽 옆에 또 하나의 계기판이 있는데 그것이 RPM 계기판이다(최근 나오는 하이브리드 차나 전기차는 이 계기판이 없다). RPM은 엑셀을 밟을 때 엔진이 1분 동안몇 번 회전하는지를 나타내는 단위로 일반적으로 자동차 엔진의 회전 속도를 나타내며, RPM이 높을수록 엔진이 빠르게 회전하고 있다는 것을 나타낸다. 이러한 RPM은 엔진 성능, 회전 기계의 속도, 또는 기계의 효율성을 이해하는 데 중요한 지표가 되므로 매우 중요하다. 필자는 자동차처럼 RPM을 높이며 붕~ 하고 우리의 성공가도를 함께 달려보자는 생각으로 RPM이란 아이디어를 생각해내게 되었다.

RPM에서 R은 리멤버(Remember)를 뜻한다. 이것은 그동안 우리에게 있었던 일들, 그동안 이루어져 왔던 성장에 관한 일들을 기억하게 하는 것을 뜻한다. 리멤버가 중요한 이유는 자칫 현실에 매몰되어 그동안의 성과를 잊어버릴 수 있기 때문이다. 이럴 때 다시 그동안에 해왔던 일들과 성과들을 떠올리면 다시 힘을 얻고 동기부여를 가질 수 있다.

P는 퍼스널 트레잇(Personal Trait)를 뜻하는 것으로 개인적 특성을 의미한다. 이것을 더 쉬운 말로 표현하면 성격, 성품이다. 어떤 목표를 향해 나아갈 때 성격과 성품은 무엇보다 중요하다. 잘 포기하는 성격보다는 포기하지 않는 성격이 유리하다. 차갑고 소극적인 성격보다 열정적이고 적극적인 성격이 유리하다. 그런데 이러한 퍼스널 트레잇은 지극히 주관적인 나의 느낌일 수 있다. 따라서 나의 느낌으로 상대에게 성품에 관한 멘트로 동기부여를 줄 수 있다. 참 따뜻하네요, 성실하시네요, 배려가 있으시네요… 등 뭐든지 상관없다. 내가 느껴지는 그 성격과 성품에 대한 키워드를 이야기하면 되는 것이다. 만약 시험에 떨어졌다가 다시 포기하지 않고 도전하면 어떤 성

능력 폭발

품이 느껴지는가? 끈기, 집념, 목표 의식 이런 것들이 떠오를 것이다. 이걸 말해주면 상대는 힘을 얻고 동기부여를 받을 수 있다. 열정적이네요, 정말 끈기가 있네요, 정말 집념이 있네요… 등 뭐든지 떠오르는 성품에 관한 이야기를 해주면 된다. 필자의 수강생 중에 33년째 피워오던 담배를 끊은 분이 계시는데, 끈기와 인내, 자기 절제에 관하여 칭찬해 주었다. 또 리더십이 뛰어난 분에게는 솔선수범과 적극성, 희생정신 등에 대한 칭찬을 해주었다. 이렇게 사람은 자신의 성품에 대한 칭찬을 받을 때 힘을 얻고 동기부여를 받을 수 있다.

M은 모티베이션(Motivation)을 뜻한다. 상대와 대화할 때 중요한 포인트가 하나 있는데, 그것은 상대방이 기억도 못할 만큼 디테일한 부분까지 기억하고 얘기해 주는 것이다. 이럴 때 상대는 진짜 감동을 받게 된다. 사실 준 사람은 기억 못해도 받은 사람은 기억하는 경우가 많다. 어떤 사람이 너무 바빠서 하루 종일 밥도 못 먹고, 하루 종일 서서 속으로 눈물 흘리며 일하다가 '나 이제 일 그만 둬야겠다'는 생각을 하는 순간 누군가 갑자기 나에게 와서 초콜릿 하나를 주고 갔다고 생각해 보라. 이때 준 사람은 이 사실을 기억하지 못할 수도 있다. 너무 사소한 일이라 생각할 수 있기 때문이다. 하지만 받은 사람은 다르다. 어쩌면 직장을 그만둘 수도 있는 상황에서 마음을 바꿀 수 있었던 사건이기에 또렷이 기억에 남아 있을 수밖에 없다. 인간관계 속에서는 이런 일들이 반드시 있다. 그것을 말해주는 순간 상대는 감동받고 다시 힘을 얻고 동기부여를 받을 수 있다. 만약 이

런 사건 하나를 기억한다면 그걸 가지고 정말 배려심이 많네요, 정말 따뜻하네요 등과 같이 그분의 성품까지 곁들여 이야기해주면 효과는 두 배로 된다.

이런 케이스도 생각해 볼 수 있다. 너무 피곤하고 힘들고 어렵고 맨날 밤늦게까지 유튜브 보고 하다가 직장에 지각하게 되었다. 그때 동료가 편의점 데리고 가서 캔커피 하나 사주면서 "무슨 일 있어? 어제 보니 잠을 제대로 못 잤는지 점심시간에 밥도 안먹고 엎드려 있는 것 같던데 오늘도 늦고… 무슨 일인지 몰라도 힘내. 그리고 힘들수록 더욱 정신 똑바로 차려야 해!" 하고 진심어린 마음으로 충고했다고 해보자. 충고를 받을 때는 그 말이 귀에 들어오지 않을 수도 있다. 하지만 시간이 지나면 그 일이 자신에게 큰 울림을 주었다는 사실을 깨닫게 된다. 이때에도 충고를 한 사람은 이 사건을 기억 못할 수도 있다. 하지만 충고 받은 사람은 자신의 행동을 기억하고 RPM 코멘트를 준 것에 대해 오래 기억하며 동기부여를 받게 된다.

상대와의 관계가 잘 진전되지 않을 때, 상대가 좀 머뭇거리는 모습을 보일 때 그에게 힘을 주고 동기부여 해주기 위해 RPM 방법을 사용해 보라. RPM은 기억을 떠올려야 하기에 잠재의식에 숨어 있는 기억을 깨워야 하는 과정을 거쳐야 한다. 이때 눈을 감고 조용히 잠재의식의 기억을 깨우는 방법을 사용할 수 있다. 그리고 이 과정에서 우리는 잠재의식 속에 잠자고 있는 잠재 능력까지 깨워야 한다.

능력 폭발

다음으로 우리는 이 잠재 능력을 가지고 상대에게 다가가야 한다. 이때 내가 어떻게 상대의 마음을 움직일 수 있을까, 걱정하는 경우가 있다. 하지만 우리에게는 표현할 능력이 있다. 표현을 잘 하지 못하는 이유는 두려움이 있기 때문이다. 내가 이렇게 말하면 저 사람이 어떻게 생각을 할까, 하는 두려움 때문에 이 능력을 쓰지 못하는 것이다. 하지만 잠재 능력을 사용하면 나도 누군가의 눈가를 촉촉하게 할 수 있는 능력, 누군가의 마음에 감동을 줄 수 있는 능력, 무언가를 움직일 수 있게 할 수 있는 능력을 얼마든지 사용할 수 있다. 그 능력을 쓰면 된다.

지금까지 필자가 이야기했던 것은 모두가 성공에 관한 키워드들이었다. 그것도 나 혼자 성공하는 것이 아니라 소중한 사람과 함께하는 성공이었다. 그래서 성공시키면 성공한다는 이야기도 했고, 협력자에 관한 이야기도 했다. 물론 돈 많이 버는 것, 높은 지위에 오르는 것 등도 성공의 한 부분이므로 무시할 수는 없다. 하지만 정말 한 번뿐인 인생에 진짜 우리에게 의미있는 성공은 인생의 가장 소중한 가치를 함께 공유하고 있는 소중한 사람들과 함께하는 성공이라는 것은 자명한 사실이다.

RPM 코멘트는 칭찬과 다른 점이 있다. 칭찬은 구체적이지 않지만 RPM 코멘트는 구체적이면서 정확한 사건을 가지고 이야기한다는 점에서 큰 차이가 있다. 칭찬을 하라고 하면 그냥 멋져, 잘했어, 최고야… 등과 같은 표현을 사용한다. 이것도 좋고 매우 중요한 부분이기도 하다. 하지만 이런 칭찬에는 우리의 진심이 잘 표현되지 못할 수도 있다. 그러나 RPM 코멘트는 매우 구체적인 사건을 가지고 정확히 이야기하기 때문에 상대는 진심을 전달받을 수 있다.

만약 RPM 코멘트를 통하여 상대가 동기부여를 받고 힘차게 나아간다면 이는 성공한 일이 된다. 내가 누군가에게 잘해주고 누군가를 성공시키는 일을 할 때 그게 끝이 아니라는 사실을 알아야 한다. 그 일은 오히려 나에게 더 큰 만족감과 더 큰 행복감을 준다. 나아가 나에게 상대를 도울 수 있는 능력이 나온 것이기에 나에게 더 큰 기쁨이 될 수 있다. 이처럼 상대를 돕는 일은 서로를 승리자로 만드는 윈윈게임이다. 만약 나 혼자만의 성공을 위해 달린다면 나 혼자의 기쁨이 되겠지만 성공시키면 성공하는 성공을 위해 나아갈 때는 두 배, 세 배의 기쁨이 되돌아오는 것이다.

필자는 강의를 할 때 RPM 코멘트를 들으면 어떤 느낌이 들 것 같은지 물어본다. 사람의 성격에 따라 부끄럽다는 느낌이 든다고 말하는 사람도 있지만 내심으로는 기쁜 마음이 들고 또 더 잘해야겠다는 생각도 든다는 사람이 많다. RPM 코멘트가 칭찬과 다른 부분이 바로 이것이다. 더 잘해야겠다는 마음, 이것은 동기부여가 되었다는 것을 뜻한다. 좋은 성과를 내기 위해 모티베이션은 매우 중요하다. 우리는 함께 성공을 향해 나아갈 때 시너지를 내기 위해서 단순한

능력 폭발

립 서비스가 아닌 RPM이라는 아주 강력한 도구를 사용할 필요가 있다. 더 잘해야겠다, 내 안의 능력을 써야겠다, 내 안에 이런 능력이 있구나, 하는 것을 깨닫게 해줘야 한다.

RPM 코멘트는 상대에게 동기부여시키는 능력을 증진시켜 주기 위해 만들어진 것이다. 따라서 주변에 동기부여가 필요한 사람이 있으면 RPM 코멘트를 사용하면 된다. 동기부여는 개인이나 집단이 목표를 향해 나아갈 때 행동하도록 만들어 주는 강력한 원동력이 된다. 목표를 달성하기 위해 필요한 에너지를 제공하고, 꾸준히 노력하게 만들어 준다. 동기부여가 있으면 어려운 상황이나 스트레스가 큰 상황에서도 포기하지 않고 이를 극복하려는 태도를 가질 수 있게 해준다. 이것은 다음 도전에서도 긍정적인 영향을 미쳐 지속적인 성과를 이루는 데 도움을 준다.

이처럼 중요한 동기부여를 위해 RPM 코멘트를 활용해 보라. 그리고 당신에게도 능력이 있다는 사실을 믿고 그 능력을 다른 사람을 위해 사용해 보라. 그 사람 스스로가 잘하고 있구나, 조금 더 해야겠다, 실망시키고 싶지 않다, 더 잘하고 싶다 라는 마음이 들게끔 동기부여해 줄 수 있는 그 능력이 당신에게 있다.

이 능력을 누구한테 쓸 수 있을까? 먼저 가족에게 쓸 수 있을 것이다. 사실 제일 어려운 게 가족이다. 하지만 우리의 잠재 능력은 제한이 없다. 남편에게, 아내에게, 엄마에게, 아빠에게, 자녀에게 이 능력을 써보라. 진정한 협력자가 될 수가 있고 상대의 능력을 쓰게 해주는 사람이 될 수 있다.

지금까지 '성공시키면 성공한다'의 개념을 이해시키기 위해 달려왔다. 이제 실천해야 하는 시간이다. 그런 점에서 RPM 코멘트로 상대에게 능력을 쓰는 시간은 실천적인 시간이라고 생각된다. 우리는 그동안의 모든 과정이 이 시점을 위해서 도전한 것이라고 볼 수 있다. 서로의 과거의 이야기를 하고, 어린 시절 도전했던 이야기, 힘들었던 이야기, 말로 큰소리쳤던 이야기들, 신념을 부르짖었던 이야기들… 이 모든 과정들은 결국 이 순간을 위해서 도전했던 것들이다. 그러한 과정들을 합하여 서로를 동기부여시킬 수 있는 능력이 생기고 결국 서로가 서로를 성공시키는 시간으로 갈 수 있게 되는 것이다.

능력 폭발

사람을 성장시키는 중요한 발전 모듈

석세스 택시

개인과 조직 모두 성공을 향해 나아가는 데 가장 중요한 것은 '성장'이다. 현재의 모습으로는 성공할 수 없고, 성장해야 성공에 다가갈 수 있기 때문이다. 여기에 수많은 성장모델이 나와 있다. 필자는 사람들이 자기계발을 할 때 훨씬 쉽고 빠르고 되돌아가지 않을 수 있도록 교육 모델을 개발했다. 바로 석세스 택시라는 교육 모델이다. 이것은 사람들을 성장시키고 회사를 성장시키는 데 있어 아주 중요한 발전 모듈이라고 할 수 있다.

우리가 택시를 타면 뭐가 좋은가? 편하고 빠르게 목적지까지 갈 수 있는 것이 좋다. 석세스 택시도 마찬가지다. 성공이라는 목적지에 더 편하고 빠르게 갈 수 있도록 하기 위해 개발한 것이 바로 석세스 택시 발전 모듈인 것이다.

지름길을 알면 빠르게 갈 수 있는 것처럼 성공도 더 빠르게 이룰 수 있는 방법이 분명히 있다. 그 방법을 배워야 우리가 더 빠르게, 더 편하게 성공을 이룰 수 있다.

필자는 성공한 사람들을 정말 많이 만나봤다. 그 사람들은 절대 그냥 대충대충 살지 않는다. 남들보다 더 많이 노력하기 때문에 더 많이 가져가는 게 맞다는 생각이 든다. 돈 벌기는 어렵다. 하지만 석세스 택시를 배우면 조금은 더 쉽게, 조금은 더 빠르게 돈을 벌 수 있는 방법을 배울 수 있다.

Success = T+A+X+I

성공시키면 성공한다!!!
Influence
메타인지 강점 발견 자신감 증진
=
Meta Success
신념과 철학 수립 지속성
eXperience
Thinking
성공 노하우 지식전달 마인드 세팅
Action
강력한 실천을 통한 실행 즉각 코칭

위의 그림은 석세스 택시의 모형도다.

성공(Success) = T+A+X+I라는 공식으로 이루어져 있음을 알수 있다.

성공의 첫 번째 요소는 Thinking이다. 성공 노하우를 아는 것이 중요하다. 돈을 벌고 싶다면 돈 자체에 집중하기보다 그 돈이 어디서 오는지 보는 눈이 있어야 한다. 이것이 돈을 버는 노하우다. 돈은 고객으로부터 나오는 것이므로 고객들의 삶, 고객들의 미래, 고객들의 꿈, 고객들이 원하는 것들이 뭔지에 대해 집중해야 한다. 그래야 성과가 나오기 때문이다. 이것이 성공의 첫 번째 노하우다. 그런데 고객들은 돈을 우리에게 주고 싶을까? 절대 그렇지 않을 것이다. 고객은 어떻게든 돈을 주지 않으려고 온갖 방법을 쓴다. 성공을 향해 나아가는 길에도 수많은 방해요소가 작동한다. 수없이 많은 방해 전파들이 우리의 마음과 생각을 흔들어 놓는다. 이러한 방해에 흔들리지 말고 집중해야 한다.

성공의 두 번째 요소는 Action이다. 우리는 내 목표에 집중하고 주변에 흔들리지 말아야 한다. 즉 강력한 실천, 실행이 중요하다. 우리는 긍정적인 말을 하고 긍정적인 생각을 해야 성공한다는 사실을 잘 알고 있다. 하지만 어떤 상황이 생기면 나도 모르게 부정적인 생각이 떠오른다. 내 안의 무의식이 발동하기 때문이다. 이를 통하여 나를 통제하고 지배하는 것은 무의식, 잠재의식이라는 것을 알 수 있다. 그렇다면 이 문제를 어떻게 극복할 수 있을까? 혹 부정적 생각이 든다 하더라도 우리는 생각과 다르게 말할 수 있는 능력이 있다. 생각은 들어오지만 말은 하는 것이기 때문이다. 나의 생각이 스스로 컨트롤 되지 않는다면 나의 입으로 컨트롤하면 된다. 안 될 것 같지만 해보면 할 수 있다는 사실을 알 수 있다. 우리에게는 그런 능력이 있다. 내 생각을 바꿀 수가 있고 내 행동을 바꿀 수 있는 능력이 있다. 이 메커니즘을 이해해야 한다. 세계적으로 성공한 사람들은 모두 자신의 능력을 쓰는 사람들이었다. 나도 모르는 나의 능력, 나도 모르는 내 안에 있는 강력한 힘을 쓸 수 있는 노하우를 배워야 한다. 그 상태를 만들어야 우리의 인생을 성공적으로 살 수가 있다.

어떻게 하면 내 능력을 쓸 수 있을까? 석세스 택시에서 석세스는 나 자신이다. 성공은 결국 내가 해내야 하는 것이기 때문이다. 그런데 내가 아직 성공할 준비가 되지 않았다면 문제 앞에 굴복할 수밖에 없다. 현실을 보는 순간 모든 현실이 우리에게 차갑고 냉정하고 만만치 않게 느껴질 것이기 때문이다. 나 말고 모든 사람이 나보다 똑똑하고, 나보다 능력 있고, 나보다 인맥 좋은 사람들로 보이기 때문에 자꾸 나는 안 될 것 같은 생각이 든다. 그럼에도 불구하고 이 생각을 바꿀 수 있는 한 가지 능력은 말하는 능력이다. 생각과 다르게 말할 수 있는 능력, 그래서 이것을 강조하고 우리 인생을 바꿀 수 있는 가장 확실한 방법이라고 말하는 것이다. 아무리 부정적인 생각이 올라오더라도 긍정적으로 말해 보라. 조금씩 변하는 자신을 발견할 수 있을 것이다. 말하는 것을 계속 반복해서 해보라. 액션을 취하고 또 액션을 취하라. 이것을 내 신념이 될 때까지 계속하면 비로소 내 생각이 바뀌며 신념이 확립될 것이다. 이것이 성공의 세 번째 eXperience의 과정이다.

마지막은 Influence에서 이루어진다. 인플루언스란 '영향'을 뜻하는 말로 내가 배운 것을 그들도 배우게 하고, 나의 성장을 그들의 성장으로 만들어주며, 나의 성공을 그들의 성공으로 만들어주는 것을 말한다. 우리가 아는 지식, 성공의 경험, 성공의 지혜를 우리 후배들에게, 내 동료들에게 계속해서 알려주어야 한다. 나 혼자만 하겠다는 생각을 하고 갖고만 있으면 썩어 없어지고 만다.

우리가 이야기하는 성공의 정의는 '자신의 능력을 쓰면서 살아가는 사람'이다. 자신의 능력을 쓰면서 살아가면 돈은 따라오고 건강도 따라오고 관계도 따라온다. 우리 자신 안에는 1조보다 더 큰 능력이 있다.

내일 하루가 나에게 주어질까, 주어지지 않을까? 내일은 믿는 자에게 주어지는 것이다. 만약 오늘밤 어떻게 된다면 내일은 영원히 보지 못할 수도 있다. 만약 내일을 돈 주고 사야 된다면 얼마를 주면 살 수 있을까? 오늘이 위태한 사람이라면 백억, 천억을 주고서라도 사고 싶을 것이다. 우리는 오늘 하루 살아가는 것만 해도 어마어마한 가치를 갖고 살아가고 있다는 사실을 깨달아야 한다.

그런데 살기만 하는 것이 아니라 마음만 먹으면 내 인생을 바꿀 수 있는 길이 있다. 좀 더 마음만 먹으면 남의 인생까지 바꿀 수 있는 길이 있다. 이 얼마나 신나고 놀랍고 감사한 일인가, 얼마나 경이로운 일인가. 이 놀라운 능력과 에너지들이 있는데도 이 능력을 안 쓰고 살아가는 사람이 제일 가난하고 불쌍한 사람들이다. 가장 비극적인 삶은 자신의 능력을 쓰지 않고 살아가는 것이다.

능력 폭발

29

내 안의 능력을 사용해라
운명을 바꾸기로 결심하라

우리의 능력이 나오려면 어떻게 해야 할까? 멍게처럼 가만히 있지 말고 도전해야 한다. 그리고 공부하고 학습해야 한다. 계속 검증된 노하우와 축적된 지혜들을 쌓아나가야 한다. 그리고 중요한 것은 실천하는 것이다. 계속 반복하여 끊임없이 액션, 액션, 액션을 해야 한다. 그리고 그것을 가지고 다른 사람들을 가르치고 성공시키기 위해 노력해야 한다. 그래야 우리의 삶이 성공적인 삶이 될 수 있고 우리의 인생이 성공적인 인생이 될 수가 있다.

필자의 수강생 중에는 정말 유능한 사람들이 많다. 그렇게 성공한 사람중에 닉네임 레오(Leo) 대표가 있었다. 레오 대표는 올 때마다 차가 바뀌는데 첫 주는 페라리, 다음 주에는 벤틀리, 그 다음 주는 람보르기니 이런 식이다. 이렇게 돈이 많은 사람이 왜 필자의 수업에 올까? 이 사람은 놀랍게도 자기 직원들까지 전부 다 필자의 교육을 받게 하기 위해 9주간 연속으로 직원들과 함께 필자의 교육 프로그램에 참여했다. 그것은 자기 혼자만 성공하지 않고 주변 사람들을 성공시키고 성장시키기 위해서다. 레오 대표가 수업 때 자신의 직업이 26개였다는 이야기를 했다. 일이 잘 풀렸다면 무려 26개의 직업을 가질 필요가 없었을 것이다. 요거 해도 안 되고 저거 해도 안 되니 온갖 잡다한 일들을 많이 한 것이다. 그중에 연평도에 가서 꽃게잡이 어선을 탔을 때는 죽을 뻔하기도 했다고 한다. 밥 한 끼 제대로 못 먹고 일하면서 배멀미에 오바이트까지 하면서 지옥을 경험했단다. 그걸 하면서 이제 내가 못할 게 뭐가 있어, 라는 마음으로 도전할 수 있었다고 한다. 이 분의 성공이 가치가 있는 까닭은 남다른 고생을 극복하고 스스로 일어선 성장의 스토리가 있기 때문이라고 할 수 있다.

필자는 2008년도에 선배의 권유로 보험 세일즈를 시작한 적이 있었다. 그런데 시작하자마자 세계 금융위기가 세계 경제를 암흑으로 몰아 넣었고 아무리 일을 해도 성과가 반밖에 나오지 않는 상황에 힘든 시기를 보내고 있었다. 그때 업계에서 레전드 같은 선배들이 다 사라져 가고 있었고, 가망이 없으니 이 침몰하는 배에서 하루빨리 탈출하는 게 상책이라는 말이 나올 때였다. 하지만 필자는 이제 시작하는 첫 해였기 때문에 중간에 하다가 그만두면 진짜 인생이 애매해지는 상황이었다. 나름 주변에 아는 사람들, 모르는 사람들 다 끌어모아 고객을 만들어 놓았는데 그 사람들을 모른채 하고 그만

두는 것이 용납이 되지 않았다. 그렇게 고민을 하다가 이왕 시작했으니까 끝까지 하겠다는 마음으로 다시 도전을 했다. 하루 30콜 이상 전화하고 무조건 5명 이상을 만났다. 그렇게 밤 10시~11시에 사무실로 돌아오면 그날 미팅에 대한 정리를 하고 다음 날 스케줄 정리하고 자료 준비하면 새벽 3시~4시쯤 된다. 그렇게 눈을 잠깐 붙이고 아침 7시에 일어난다. 그 생활을 겨우내 했더니 나중에 시멘트 독이 올라왔다. 사무실 바닥에서 침낭만 깔고 몇달을 보내니 일어난 일이었다. 그때 피부가 다 뒤집어지고 온몸이 고생을 했었다. 하지만 이런 노고의 시간을 견뎌내니 오히려 정신력이 더욱 강해졌고, 고객들도 흔들리지 않는 필자의 모습에 응원과 신뢰를 보내주었다. 결국 252주 연속으로 매주에 세 건씩 신규 계약하는 성과를 이루어낼 수 있었고 6년에 걸쳐 멈추지 않고 수립한 이 기록은 필자의 젊은날 훈장으로 남아있다. 덕분에 매년 가족들 데리고 전 세계 좋은 호텔과 리조트로 휴가를 갔다올 수 있었고, 월급으로 친구들이 받는 연봉을 받을 수 있었다. 그때 이걸 경험했기 때문에 지금 그 에너지를 가지고 강의를 할 수 있는 것이다. 물론 필자의 경험은 정말 고생하신 분들에 비하면 새발의 피겠지만.

그때 필자는 회사에서 가장 좋은 대우를 받았고 직원들 중 가장 많은 월급을 받았다. 그런데 그런 회사를 박차고 나왔다. 멍게가 되지 않으려고 새로운 도전을 한 것이다. 어느덧 직장이 안전지대가 되어 있었고 가만히 있으면 또 그 자리에 안주할 것 같았다. 내 능력이 나오지 않는 것 같았다. 그리고 지금의 회사를 설립하기도 전에 나의 꿈을 적었는데, 그게 바로 2042년까지 101명의 억만장자를 배출하겠다는 꿈이었다. 처음에 지인의 사무실에 책상 하나 빌려서 교재를 만들고 있을 때였다. 직원도 없었고 책상 하나도 없는 그런 시절에 필자는 꿈을 적는 도전을 했던 것이다. 물론 그때 필자를 도와줬던 협력자 분들이 있었다. 만약 혼자였다면 할 수 없었을 것이다. 이 협력의 에너지들이 모여 있기에 멈추지 않고 계속 이어나갈 수 있는 것이다. 뜨거운 숯덩어리를 혼자 놔두면 금방 식지만 같이 모아놓으면 꺼지지 않는다. 그러니 혼자 하려 하지 말고 가능한 협력하기 위해 노력하라. 그럴 때 가장 뜨겁게 불타오르고, 내 안의 잠재된 능력도 폭발할 수 있다.

과연 운명은 바꿀 수 있을까, 없을까? 운명은 쉽게 바뀌지 않지만 신이 우리에게 준 능력을 사용하면 바꿀 수 있다. 그 운명을 받아들일 거냐, 받아들이지 않을 거냐 하는 결정은 내가 하는 것이다. 당신의 운명을 바꾸고 싶다면 지금 당장 운명을 바꾸기로 결정하라. 그리고 자신의 능력을 사용하겠다고 결심하라. 그때 당신의 인생에 기적이 일어날 것이다.

30

성공자들에게서 배우는 성공 교훈

놓치고 싶지 않은 나의 꿈 나의 인생

일론 머스크, 오프라 윈프리, 빌 게이츠, 워런 버핏 이 네 명의 공통점은 무엇인가? 돈이 엄청 많은 세계 최고의 부자들이다. 이들은 개인 자산이 수십 조씩 있는 사람들이다. 이 네 명은 공통점이 또 있다. 바로 나폴레온 힐의 성공철학을 실천해서 큰 성공을 이뤄냈다는 것이다.

오프라 윈프리는 나폴레온 힐이 쓴 『놓치고 싶지 않은 나의 꿈 나의 인생』이라는 책을 60번 이상 읽었다고 한다. 그래서 인터뷰나 토크쇼를 할 때 이 책에서 나온 이야기를 수도 없이 한다. 윈프리는 사생아였고 초고도비만이었고 노숙자였다. 인생의 바닥에 있었지만, 자신의 인생을 자기 스스로 바꾸겠다고 결단하고 『놓치고 싶지 않은 나의 꿈 나의 인생』 책을 인생의 좌우명으로 삼아 열심히 노력한 끝에 누구보다도 큰 성공을 거두었다. 아프리카나 난민들한테 학교를 지어주고 보육 시설을 지어 주는 등의 활동을 많이 하였다.

이 시간에는 120년 가까이 가장 많은 사람을 성공시키고 가장 많은 사람의 삶을 변화시킨 나폴레온 힐에 대해 이야기하고자 한다. 그의 첫 시작점은 1908년도였다. 그 시절 전 세계에서 최고의 부자로 존경받는 리더가 있었으니 철강왕으로도 불리는 앤드류 카네기였다. 어느날 젊은 기자였던 나폴레온 힐은 앤드류 카네기를 취재하러 가게 되었다.

그때 카네기는 "내 주변에 성공한 사람들이 많은데 그 사람들이 성공의 지혜를 갖고 무덤에 가는 게 너무 아까워, 그 사람들 죽기 전에 인터뷰 해서 그들의 성공 철학을 집대성해보지 않겠나?"하고 물었다. 그리고 "10년 동안 연구를 해야 하는데 아무런 보수도 받지 않고 할 수 있겠소?"하고 물었다. 나폴레온 힐은 망설이지 않고 "네, 하겠습니다"하고 대답했다. 그것도 카네기가 제안한 지 단 25초 만에! 자신의 인생을 거는 도전을 단 25초 만에 결정한 것이다.

그렇게 나폴레온 힐은 10년간 세계적으로 성공한 사람 507명을 만났다. 그 507명의 성공 노하우를 담은 책이 바로 『놓치고 싶지 않은 나의 꿈 나의 인생』이었던 것이다. 이 책은 아주 쉽다. 세일즈 잘하고 싶으면, 성공하고 싶으면 누굴 만나면 될까? 당연히 이미 성공한 사람을 만나면 된다. 그들이 어떻게 일을 했는지 보고 따라 하면 되는 것이다. 그게 가장 확실한 방법이다.

필자의 인생에 나침판이 되는 책 두 권이 있는데 하나는 성경이고, 또 하나는 나폴레온 힐의 『놓치고 싶지 않은 나의 꿈 나의 인생』이다. 그래서 필자는 주로 이 두 개의 책에 있는 내용을 가지고 강의를 하고 있다. 필자가 강의한 프로그램을 수료한 분들 중에 억만장자가 몇 분 있다. 한 분의 경우 청소 아줌마 두 명으로 기업을 시작했는데, 지금은 한 해 매출이 거의 2조 가까이 된다. 그런 경영자라면 거만할 것처럼 보이나 절대 그렇지 않다. 얼마나 예의가 바른지 모른다. 지금도 필자를 보면 90도로 인사를 할 정도다.

성공한 분들은 왜 성공했는지 만나 보면 안다. 왜 그런 큰 성공을 거둘 수 있었는지 직접 경험해 보면 안다. 문제는 평범한 우리들은 그런 성공자들을 쉽게 만날 수 없다는 데 있다. 그들이 우리를 만나 줘야지 만날 수 있지 않은가. 그런데 참 감사한 것은 나폴레온 힐이라는 사람이 세계적으로 성공한 507명을 만나서 그들의 성공 노하우를 집대성해줬다는 사실이다. 이제 우리는 그 노하우를 따라하면 되는 것이다.

핸리 포드는 포드 자동차를 설립한 사람으로 지금의 일론 머스크 같은 사람이라고 할 수 있다. 핸리 포드 이전에는 사람들이 주로 마차를 타고 다녔다. 그런데 핸리 포드가 나타나 자동차를 대중화시킴으로써 지금 많은 사람이 차를 타고 다닐 수 있게 된 것이다. 이러한 핸리 포드가 얼마나 돈을 많이 벌었을지는 상상이 될 것이다. 핸리 포드는 당시 세계 최고의 부자였다.

조지 파커는 일명 파커 펜이라는 것을 만들어 지금처럼 대중적으로 펜을 쓸 수 있게 만든 인물이다. 옛날에는 글을 쓰려면 잉크를 한 번 찍고 글을 쓰고 또 찍고 글을 써야 했기 때문에 글 쓰는 게 시간도 많이 걸리고 너무 힘든 작업이었다. 그런데 파커 펜이라는 획기적인 만년필이 나오면서 사람들의 생각과 지식을 그냥 술술 기록할 수 있는 시대가 펼쳐졌다. 파커 펜은 인류의 지적 자산이 축적되는 속도를 엄청 빨라지게 만들어준 획기적인 발명품이다. 덕분에 파커 역시 그 당시 세계 최고의 부자가 됐다.

그 외 코닥 필름을 만든 조지 이스트먼, 비행기를 개발한 라이트 형제 등도 당시 최초의 발명으로 부자가 된 대표적 인물들이다. 킹 질레트는 질레트 면도기의 창시자다. 옛날에 사람들은 면도하면서 많이 죽었다고 한다. 사실 매일 칼을 피부에 대는 건 상당히 위험한 일이다. 그래서 이발소에 보면 지금도 붕대와 피를 상징하는 하얀 띠와 빨간 띠가 있다. 그런데 질레트가 안전한 면도기를 개발하면서 인류의 삶은 획기적으로 안전하고 편리해졌다. 덕분에 질레트는 당시 최고의 부자가 됐다.

석유 재벌 록펠러는 어떤가. 그는 석유의 정제와 유통을 독점적으로 관리하면서 역사상 가장 큰 재산을 쌓은 사람 중 한 명으로 기록된다. 나폴레온 힐은 그 외에도 최초의 전화기를 개발하여 부자가 된 그레이엄 벨, 발명왕 토마스 에디슨 등 위인전에 나오는 유명한 사람들을 많이 만났고 그들의 성공 노하우를 집대성하였다.

이러한 성공자들의 공통점은 무엇인가? 그들은 나 혼자 잘 먹고 잘 살기 위해 사업하고 인생을 끝낸 사람들이 아니었다. 하나같이 인류의 삶을 획기적으로 발전시켜 주기 위해, 안전하고 편리하며 더 많은 효율성을 높여주기 위해 사업을 했던 사람들이다. 필자는 이것이야말로 진정한 성공법칙에 맞다고 생각된다. 성공하려면 먼저 다른 사람들을 성공시켜야 한다. 먼저 다른 사람들을 더 잘 되게 만들어 줘야 한다. 그것이 진정한 성공이다.

31

나와 타인의 성공을 위한 비전

부자가 되라 그리고 떠날 때는 부자가 되지 말라

기브 앤 테이크는 좋은 말이지만 아주 위험한 말일 수도 있다. 기브 앤 테이크와 '성공시키면 성공한다'는 개념은 차원이 다르다. 어떤 점이 다르냐 하면 기브 앤 테이크의 경우 합리적인 것 같지만 사실 기브 앤 테이크의 핵심은 테이크에 집중되어 있다. 기브하는 것도 사실은 테이크하려고 기브를 하는 것이라 할 수 있다. 그 증거는 받을 때 나타난다. 내가 준 것보다 덜 받게 되면 서운하고 화가 나기도 한다. 그리고 그 사람은 예의가 없다고 생각하고 다시는 주지 않겠다고 다짐하기도 한다. 진정한 기브로 끝나지 않는 것이다.

그렇다면 '성공시키면 성공한다'는 어떤 차이가 있을까? 성공시키면 성공한다는 남을 성공시키고 나면 그것으로 모든 것이 끝난다. 기브만 있고 테이크는 없는 것이다. 세상에 그런 게 어디 있냐고 할 테지만, 성공시키면 성공한다에는 있다. 생각해 보라. 기브 앤 테이크

능력 폭발

는 잉여 에너지가 제로가 된다. 준만큼 다시 받으니 더는 받을 상이 없는 것이다. 하지만 성공시키면 성공한다는 주기만 한 것이므로 받을 에너지가 고스란히 충전된다. 이 충전된 에너지에서 진짜 나의 능력이 나오고 그 능력의 씨앗이 더 큰 것들로 나에게 오게 한다. 만약 당신이 이러한 믿음을 가질 수 있다면 이 믿음은 차후에 당신을 남들과 다른 성공으로 이끌 것이다.

토마스 에디슨, 헨리 포드 같은 사람들이 바로 이 원리에 의해 성공했고 최고의 부자가 되었다. 이러한 마인드를 가진 사람들이 모여서 이룬 그룹에 대하여 마스터마인드 그룹이라는 명칭을 붙일 수 있다. 마스터마인드 그룹에 대하여 나폴레온 힐은 '공동의 확실한 목적을 위해 완벽한 조화를 이루며 적극적으로 함께 일하는 둘 또는 그 이상의 사람들의 모임'이라고 정의하고 있다. 이러한 마스터마인드 그룹을 통하여 마스터마인드를 형성하고 이를 이용하여 다른 사람들을 성공시킨 협력자 집단으로 만드는 것이 필자의 비전이다.

앤드류 카네기는 다음과 같은 말을 남기고 하늘의 별이 되었다.

"부자가 되십시오. 큰 부자 되시기 바랍니다. 여기 있는 모든 분들 정말 세계 최고의 능력을 발휘하고 세계 최고의 부자들이 되기를 바라고 희망합니다. 여러분은 될 수 있습니다. 그러나 중요한 건, 떠날 때는 부자가 되지 마시기 바랍니다. 부자로 죽는 것은 수치이기 때문입니다."

앤드류 카네기가 살아 있을 당시 개인 재산은 약 300조 정도로 추정된다. 300조를 현재 가치로 환산하면 미국 땅을 다 살 수 있을 정도라고 한다. 맨해튼을 하나 정도 사는 게 아니라 미국 땅 전체를 살 수 있을 정도로 어마어마한 부를 이뤄냈다는 것이다. 앤드류 카네기는 엄청난 재산으로 무엇을 했을까? 좋은 일을 많이 했다. 그중에서도 가장 집중한 것은 각지에 공립도서관을 짓는 것으로 2,500개 이상을 지었다. 우리가 생각하는 마을도서관이 아니다. 국립이나 대학도서관처럼 큰 도서관 건물을 2,500개 이상 지었다.

필자는 앤드류 카네기를 연구하면서 병원도 있고, 고아원도 있는데 왜 도서관일까를 생각해 보았다. 도서관에는 책이 있지 않은가. 거기에서 카네기의 의도를 읽을 수 있었다. 카네기는 자신의 삶의 철학을 자신의 삶의 방향으로 끝까지 유지했던 것이다. 책에는 사람들의 지혜와 사람들의 지식이 모두 모여 있다. 그는 모든 살아있는 사람들이 쌓아온 규칙과 지혜가 모여 있는 공간을 후대에 물려주고 싶었고 인류에게 남기고 싶었던 것이다.

필자는 앤드류 카네기를 연구하면서 그의 삶 이후로 인류의 삶이 혁신적으로 성장한 것을 발견하였다. 그래서 현대문명의 발달에 가장 큰 공헌을 한 사람 중 한 사람을 뽑으라 하면 앤드류 카네기를 뽑는다. "부자로 죽는 것은 수치다." 이 말 한마디로 그가 어떤 사람이었는지를 알 수 있다. 만약 카네기가 그 엄청난 돈을 자녀나 가족들에게 물려줬으면 그냥 돈 많이 번 사람으로 끝났을 것이다. 하지만 그는 진정한 성공의 가치를 실천했기 때문에 앞으로 백 년 후에도 사람들의 존경을 받을 것이다. 이를 통하여 우리는 무엇이 진짜 성공인지 깨달을 수 있다. 돈 많이 벌고 끝난 사람이 진짜 성공일까, 아니면 그 가치를 가지고 더 많은 사람을 성공시킨 게 진짜 성공일까? 답은 자명하다.

101조 클럽은 필자의 꿈이기도 하고 우리 회사의 비전이기도 하다. 2042년까지 이 강의를 하면서 우리 수강생 중 101명의 조 단위 억만장자를 탄생시킬 것이다. 그리고 필자는 억만장자가 되었다가 떠날 때는 앤드류 카네기처럼 내가 번 모든 것들을 사회에 다 남기고 더 좋은 세상을 만들면서 떠나고 싶다. 이게 내 마음의 꿈이요, 삶의 비전이다. 이게 우리의 철학이고 우리의 신념이다. 신념과 철학이 있어야 이 길을 향해 나아갈 때 흔들리지 않고 갈 수가 있다. 그래서 나는 이 길을 꿋꿋이 걸어갈 것이다.

일일 실천 노트

내 안에 잠들어 있는 능력은 무엇인가?
그 능력을 깨우는 방법 적기

242

능력 폭발

다음 명언을 필사해 보자

당신이 할 수 있거나
할 수 있다고 꿈꾸는 모든 일을 시작하라.
새로운 일을 시작하는 용기 속에
당신의 천재성, 능력, 기적이 모두 숨어 있다.

−괴테

능력 폭발

초판 1쇄 인쇄 · 2025년 2월 10일
초판 1쇄 발행 · 2025년 2월 21일

지은이 · 이명종
펴낸이 · 이종문(李從聞)
펴낸곳 · (주)국일미디어

등   록 · 제406-2005-000025호
주   소 · 경기도 파주시 광인사길 121 파주출판문화정보산업단지(문발동)
         서울시 중구 장충단로8가길 2, 2층
영업부 · Tel 02)2237-4523 | Fax 02)2237-4524
편집부 · Tel 02)2253-5291 | Fax 02)2253-5297

평생전화번호 · 0502-237-9101~3

홈페이지 · www.ekugil.com
블 로 그 · blog.naver.com/kugilmedia
페이스북 · www.facebook.com/kugilmedia
E-mail · kugil@ekugil.com

· 값은 표지 뒷면에 표기되어 있습니다.
· 잘못된 책은 구입하신 서점에서 바꿔드립니다.

ISBN 978-89-7425-945-7(13320)